沖縄の岸辺へ

五十年の感情史

菊地史彦

kikuchi fumihiko

作品社

沖縄の岸辺へ——五十年の感情史

目次

第二部　「復帰」の前後、夢の後先

第三部　南のヌーヴェルヴァーグ

装幀　水戸部功

沖縄の岸辺へ

——五十年の感情史

やや長い前書き

沖縄への想いとその重さ

比較的最近まで、沖縄のことをよく知らなかった。少しずつ関連する書物を読むようになったのは、十年ほど前からだろうか。それまでも、新聞やテレビやインターネットから入ってくる情報は雑然と頭の中にあったのだろうが、それらを確認したり整理したりといった手間をかけることはなかった。しかも、なにより致命的なのは、沖縄の地を自分の足で踏んだことがないという事実だった。

一九七〇年代から沖縄のポップスは耳にしていたが、沖縄に関する映画は大島渚監督の『夏の妹』（一九七二）ぐらいしか観ていなかった。最初に知った近い世代の沖縄人は南沙織さんだろうが、私はあの棒っ切れのような少女にあまり感じるものがなかった。

沖縄料理を食べたことはあったが、たかだか数回のことと記憶する。ゴーヤチャンプルーは知っていてもソーミンチャンプルーなどというものは見たことも聞いたこともなかった。オリオンビールが格別美味いと思ったこともない。沖縄に縁のある飲み物でいちばん親しみを持っていたのは、ウコンドリンクかもしれない。

普天間基地の移設問題は理解しているつもりだったが、歴代の政府と知事とのやりとりや辺野古新基地の形態・仕様がどう変化したかは、到底説明できなかった。

そして、「沖縄ブーム」などというものには、完全に乗り遅れてしまった……。

沖縄に関心を持つようになって気付いたのは、本土には実に多くの沖縄ファンがいることだった。若いファンの多くは今も昔も他愛ないが、四十～五十代の方たちにはうるさい「沖縄通」がいる。むろん、これが「沖縄ブーム」の世代である。ビーチの良し悪しから固有の食材まで、多彩な蘊蓄を傾ける。こちらの知識と体験が手薄なので、対話する機会を避けてきたが、彼らが今でも強いシンパシーを抱き続けているのはよく知っている。

沖縄に関する本を書いている人たちは、さらに上回る熱い気持ちを持っている。沖縄で生まれ育った人が「我《わ》した生まり島」を思う気持ちは当然として、本土の書き手たちがそれに負けない熱量で沖縄を論じることに感慨（と違和感）を覚えた。それはひょっとすると、彼ら自身の故郷に対する想いを超えているのではないか、と。

しかもその想いは、沖縄と本土との関係に触れるとき、いっそう温度を高めるようだった。例えば復帰直後に訪沖した谷川健一は、本土がもたらした変化に憤りを感じていた。

> かつての生き生きと弾《はず》んだ空気は沖縄のどこをみまわしても、見当たらなかった。沖縄の海ですらが私にはよそよそしく、重苦しく映った。自然と私との間に何ものかが介在した。それが何であるのか、はじめは私にはつかめなかったが、それはヤマトがもちこんだ「時間」のせいであることが、やがて分かってきた。数年まえまでの沖縄には、ヤマトと「時差」をもった生活がはっきりあった。
>
> （『沖縄――その危機と神々』、一九九六）

谷川が「時差」と呼んでいるのは、「時間に対する観念の差」であり、沖縄独自の文化をつくり出していたものだ。それが「ヤマト」の進出によって失われ始めていると感じたのだ。

谷川が、沖縄の側に立ち、本土を批判しているのは明確だ。その鋭さの背景にあるのは、沖縄に対する強い愛着であり、共感であることは間違いない。

もう一つ、強烈な印象を残した事例を挙げておきたい。大江健三郎の『沖縄ノート』(一九七〇)に見出した文章である。すでに何度か沖縄へ渡っていた気鋭の小説家は、沖縄と自身との関係について深い懊悩を書きつけている。

> 僕は沖縄へなんのために行くのか、という僕自身の内部の声は、きみは沖縄へなんのために来るのか、という沖縄からの拒絶の声にかさなりあって、つねに僕をひき裂いている。穀つぶしめが、とふたつの声が同時にいう。
>
> (『沖縄ノート』)

ここに現れているのも、沖縄と〝自分を含む本土〟をめぐる強い感情の表現だ。谷川とは異なり、書き手は沖縄の側に立って、〝自分を含まない本土〟を批判することができない。その前に沖縄からの「拒絶」を感受し、立ちすくんでしまうのだ。しかも、その「拒絶」は「いくたびかの沖縄への旅行で、僕がもっとも愛するようになった人々の、絶対的な優しさとかさなりあった、したたかな拒絶」(同前)だという。

谷川と大江の言葉は一見、別々のもののように見えて、実は根のところでつながっている。「本土」の影響を苦々しく思う谷川が、ふと「本土」の人間であるわが身を顧みれば、その嫌悪感はぐるっと回ってたちまち自身を襲うはずだからだ。

今、二人の論客の資質や論法の違いに踏み込むつもりはないが、一つだけ書いておきたいのは、沖縄への想いを語る口調の中に、その人が思い描いている自己像が現れるということだ。

ヤマトンチュの沖縄体験

大江が受け取った「絶対的な優しさとかさなりあった、したたかな拒絶」の発信者は尋ねようがないが、そうした声を代弁したかのような一冊の書物を挙げることはできる。

戦後沖縄の代表的論客の一人であり、後に県知事も務めた大田昌秀の『醜い日本人』（一九六九）。日本人の沖縄に対する差別を、歴史はもとより、政治・経済・文化の広い範囲にわたり体系的に論じた試みだった。

同書は、一九七二年の「返還」を前に、「本土の防衛」や「極東の平和」といった大義名分が、再び沖縄に犠牲を強いることを拒否すると同時に、そのような事態に疑念も痛痒も感じない本土側の差別意識を告発した。沖縄にシンパシーを抱く知識人に、この批判を払いのける勇気はなかった。『沖縄ノート』も同書に言及しており、随所に滲み出している負い目のようなものは、同書に起因する部分もあったことを推測させる。

ただ正直にいえば、次のような大江の贖罪願望は尋常ではないものに見えた。

> あの穀つぶしは、と僕は冷静な観察をおこなう。憐れにも、みすぼらしい徒手空拳で、つみかさねた学殖もなく行動によって現実の壁をのりこえた経験もなく、ただ熱病によって衰弱しつつもなお駆りたてられるような状態で、日本人とはなにか、このような日本人ではないところの日本

人へと自分をかえることはできないか、と思いつめて走り廻っているのだ。

（大江前掲書、傍点引用者）

傍点を付したフレーズは、『沖縄ノート』の中で、何度も繰り返される文言である。失礼な言い方かもしれないが、尋常でないと見えたのは、言葉の温度ばかりではなく、この文言が自己探索と自己変革への強い欲求を述べているからだ。ありていにいえば、この人を突き動かしていたのは、〝もう一人の自分〟への改造・変身願望であって、沖縄はその手段になってしまっているように見える。何かが転倒してはいないか……。

この本で、私が考えてみたいと思っていることが二つある。

一つは、本土の人間が、ときに沖縄からの「拒絶」に遭遇しながらも、なぜ沖縄への想いを抱き続けるのかということだ。言葉を換えれば、戦後の沖縄訪問者（特に復帰後の訪問者）があの島に惹き付けられた理由が知りたい。

大田の著作でも論じられているように、沖縄には根強い被害者意識があった。沖縄は歴史的記憶に基づく反ヤマトの感情を持ち続けたし、復帰運動を通して改めて本土の無知でしかも狡猾な態度を思い知った。復帰後の沖縄は、実は一貫してヤマト嫌いだったのではないかと私は考えている。

だから、大江の文章に文句を言うつもりはない。当時の情勢を考えるなら、「戦後民主主義」に賭けようとした作家が、「このような日本人ではないところの日本人へと自分をかえることはできないか」と思い悩むのはきわめて尋常なことだったと思う。ただ、大江の「改造・変身願望」が、後にもっと気味の悪い装いで姿を現すことには注意を向けておきたい。それは、九〇年代の本格的な「沖縄ブーム」が到来してからのことである。

この時期のブームのことは本編で追々述べるつもりだが、一つの大きな特徴は本土人《ヤマトンチュ》が観光や消費に留まらず、ローカルカルチャー（生活習慣全般の〝沖縄らしさ〟）にも分け入ったことだろう。しかもこの好奇心は、大江流の生真面目な（自己否定的な）自己変革とは種類の異なる、一種の擬態的変身願望を呼び起こした。

それは一言でいうと、沖縄人《ウチナンチュ》を真似たい、または可能な範囲でウチナンチュに溶け込みたいというやや倒錯的な気配も漂わせていた。その頃の移住希望者向けのガイドブックには、スマートなシマーナイチャー（沖縄に住む内地人）になるための知識や技術がびっしりと書き込まれていた（基地や格差や差別などの問題群はわずかに触れられるだけだった）。〝真似っこ〟の半分は冗談としても、その手の出版物が複数存在していたことは〝冗談の本気度〟がそこそこのレベルであったことを伝えている。このような本土側のアプローチは、やがて再び沖縄側の反発を引き起こし、軋轢を生み出す原因の一つでもあったように感じる。

なぜなのか。そのおおまかな理由を次のように想像している。

自分を変えたいという欲望は、密かに相手も変えたいという欲望につながっていたのではないか。つまり、「このような日本人ではないところの日本人へと自分をかえることはできないか」という欲望は、反転して「このような沖縄人ではないところの沖縄人へとあなたをかえることはできないか」になっていたのではないか。こうした沖縄への〝改善要求〟を「本土化」と呼んでもいいだろうし、本土側が復帰後の沖縄に求めた「開発／振興」という路線もこれにつながっていたのかもしれない。

ちょっとした事例がある。移住ガイドブックに載った、本土から移住した人たちの沖縄人へのいちゃもんのようなフレーズのコレクションである。題して「腐れナイチャー的問題&愚痴発言集」。編集者の手が加えられた可能性もあるが、語勢と気分は伝わってくる。ランダムにいくつか挙げてみようか。

ここは、ウソとタテマエの島だ。
沖縄の人って、悪びれない。あやまらない。
犬を飼う人のマナーがひどい！　うちの前に毎日フンを放置しないで！
育児放棄に驚いた。
自治会に入れてもらえなかった。うちら夫婦がナイチャーだから？　沖縄って閉鎖的！
この島のビジネス感覚は、本土から20年は遅れている。
ドライバーの運転マナーがなってない！　大阪以下！
小学校のＰＴＡが熱すぎる。
（いのうえちず『沖縄ナビ　移住編』、二〇〇五）

いかがだろう？　当事者の憤懣も分かるが、こうした「改善要求」にカチンとくる沖縄人もいる。沖縄の側は、本土の客人の身勝手な妄想（私は変わりたい）にそれなりの応対を試みながら、さらなる要求（だからあなたも変わってほしい）は鋭く拒絶した。ヤマトンチュは無知な上にあつかましい奴らだ……。

本書で考えてみたいのは、まずこうした沖縄と本土の交差しつつすれ違う構造でもある。

ウチナンチュの沖縄体験

もう一つ、この本で考えてみたいことがある。復帰後の沖縄が、沖縄自身をどのように〝発見〟（または発掘）したかということだ。当然ながらそのテーマには、沖縄がいったんは思い描き、後に苦吟しながら描き直した沖縄と日本の関係も含まれる。

復帰を通して本土の不実を知り、痛恨の想いで本土を見限って「自立」へ転じた沖縄人も少なくないと聞く。その第一歩は、復帰前後の激烈な議論だったのではないか。例えば、新崎盛暉《あらさきもりてる》が紹介している『醜い日本人』をめぐる議論もその一つであろう（「思想としての〝沖縄〟」、『未完の沖縄闘争』、二〇〇五、所収）。新崎自身も、「構造的（沖縄）差別」の立場で、大田のやや情緒的に見える差別論を批判しているが、私が強い関心を持ったのは、そこに引用された儀間進《ぎますすむ》の文章である。氏は、「もっとも日本人になり切った世代」に属する大田の鋭い告発に理解を示しつつこう書いた。

> 逆説めいた言い方になるけれど、日本人である私たちは今身につけている日本人を捨てることによって、逆にあとの半分たる日本人の部分を取りもどすのである。表現をかえて言うと、沖縄人のままで日本人になることである。日本人への同化ではない。同化による事は永久に半日本人として生きることになる。沖縄人のままで日本人になることを許さぬ日本であるならば私は嫌だ。またそのような日本人にはなりたくない。（『琉球新報』一九六九年三月十三日、新崎前掲書より）

ここに見えるのは、足を着ける場所として沖縄を確かめよというメッセージだろう。復帰が求める曖昧な同化を拒絶する姿勢といってもいい。日本と沖縄を掛け持ちするのではなく、日本をいったん捨てない限り、沖縄と日本の関係をつくり直すことはできない。この姿勢は第四章で論じる「反復帰論」にもつながる。

「反復帰論」は、新川明《あらかわあきら》や川満信一《かわみつしんいち》らが唱えた復帰そのものに反対する主張で、全体から見ればマイナーな動向ではあったものの、その後の沖縄の思想に大きな影響を与えた。いちばんの特徴は、あえて「沖縄民族主義」の立場を取り、沖縄人を無前提に日本人と見なす考え方を否定したところにあったと思う。

復帰五十年の二〇二二年、『「反復帰論」を再び読む』のタイトルで、「反復帰論」を特集した『新沖縄文学』一八号（一九七〇）・一九号（一九七一）に掲載された論文八編が再録された。復帰運動の限界をつかみ出し、同化を目論む日本国家を批判し、併せて沖縄の思想史に潜む日琉同祖の根を撃とうとした「反復帰論」。いったん国家としての日本を出て、「反国家」の時空へ沖縄を連れ出そうとした特異な思考の体系。これらがまた読み返されていることには小さな驚きがあった。

こうした論考が再読されるのは、「反復帰論」が先鋭な政治思想に留まらず、沖縄の人々の深い確信に根差す生活思想に連なっていたからだろう。また追って述べるように、「反復帰論」の論客たちが、長期的な視野から文化運動を重視し、実際に多くの分野で沖縄を発見・発掘する活動に携わったことも見逃せない。新川明が編集に取り組んだ『沖縄大百科事典』（全三巻＋別巻、沖縄タイムス社、一九八三）はその象徴的な成果といっていいだろうし、こうした民間ベースの知的インフラ構築が果たした役割は想像以上に大きいものだったのではないだろうか。

沖縄による沖縄の発見（発掘）は、一九七〇年代に始まり、一九八〇年代と九〇年代に大きなうねりをつくり出したと私は考えている。世の中で「沖縄ブーム」と呼ばれる活況が島を包んだ時代に重なっているので、ブームの一部として、または余波と見られることもある。そのような理解もあながち間違っていないのは、〝沖縄発見ムーブメント〟が程度の差はあれ観光を含む経済活動にリンクした面もあるからだ。さまざまな分野の文化現象（作品や演者やイベントなど）が消費財として提供され享受された。いわば市場が関与する取引関係の中に、〝新しい表情の沖縄〟や〝見出された沖縄〟が出現していったのだ。

ただ一般的には、「沖縄ブーム」が本土の観光ブームと見なされることが多いことから、本書では〝沖縄発見ムーブメント〟を「内発的沖縄ブーム」と呼ぶことにした。「沖縄ルネッサンス」という呼称も一部では使われているようだが、私の立場でそう言い切るのはやや抵抗があるのと、「ブーム」という本来外発的な事象に〝乗っかった〟というニュアンスを残しておきたいと思ったところもある。つまり、「内発的沖縄ブーム」は外形的には大衆文化や消費文化、すなわちポピュラーカルチャー（ポップカルチャー）である。常に流行る／流行らない、売れる／売れないが問われ、必然的に消長がある。だからこそパワフルで、新陳代謝に富み、しかもその時代の本質を言い当ててしまうこともある。そんなカルチュラルムーブメントの中で、「本当の／本来の沖縄」や「忘れられていた沖縄」が現れ出たと考えてみたい。

こうした運動には、作家やアーティストや文化人や芸能人などの著名人ばかりでなく、多くの無名の沖縄人も参加した。この人たちは、公の場で声を発することはなかったが、職場や家庭で、学校や市場で、もちろんあまたの酒場で、沖縄という謎をめぐる果てしない議論を交わしてきたはずだ。

その人たちは、復帰によって形式的には日本国民になったが、逆に復帰によって初めて沖縄人であることを意識し始めたような気がする。なぜなら、沖縄人であるというアイデンティティをそのまま深めていけば、それは自然に復帰を必然とはしない立場に行き着くからだ。

このような多くの、復帰を唯一の道とは考えない人々を、私は密かに「反復帰一族」と呼んで言行に注意を払ってきた。つまり、本書で二つ目に考えてみたいのは、彼らの多彩な気付きの連鎖なのだ。

五十年の感情史

この十年間に自分の名前を冠した書物を三冊、世の中に送り出した。

ざっくりいうと「日本戦後史」という分野に属しているが、狭くいうと「戦後社会文化史」になる。さらに面倒なことをいうと、戦後の日本人が経済・社会の変化にどんな反応を示したか、どんな感情を持ったか、その変化をたどる「意識」の歴史と定義付けている。

とりあえず、そのカテゴリーを「社会意識論」と呼んでいるものの、私は創始者でもないし、その道の権威かと聞かれると微笑みを浮かべて頭を軽く振ることになる。

それでも有能な編集者に恵まれ、著書を送り出せたのは、僥倖というほかない。

最初の本は、（自身を含め）戦後日本人はなぜこんなふうにこころ貧しい境遇に陥ってしまったのか、その原因を考えようとしたものだ。『「幸せ」の戦後史』（二〇一三）という素敵な反語的書名を与えてくださったのは、装幀者の故・菊地信義さんである。

二冊目の本には、一冊目に書ききれなかった、もう少し自分寄りのことどもを投げ込んだ。テーマは戦後の若者たちが共通に抱えていた「不機嫌」。私自身が解消し切れなかった鬱屈を、激動の時代のヒーローやヒロインたちに託して晴らそうという身勝手な企みだった（『「若者」の時代』、二〇一五）。

そして三冊目の本では、三代の天皇を、自分なりに戦後社会の文脈の中で捉え直してみた。昭和・平成・令和の天皇・皇后の姿を、同時代の流行歌の歌手やナショナルイベントや若者の心象風景と並べて見ることで、その時々の「王」の振る舞いと同時代の人々の心の揺れを考えてみたいと思ったのだ。

これらの本の中で沖縄が登場するのは、三冊目の『「象徴」のいる国で』（二〇二〇）だ。明仁皇太子・美智子妃が海洋博開会式のために訪れた一九七五年の沖縄である。一般には「ひめゆりの塔事件」と呼ばれる火炎瓶投擲行動の資料を読み漁っているうちに、自分が知らなかったもう一つの世界が沖縄にあることを感じた。それは、自分が「戦後日本」と思いなしてきたもの、論じてきたものとは別の何かだった。いかにも遅すぎる、いかにも迂闊な覚醒だったが、沖縄の戦後、特に復帰後の沖縄と本土の社会意識を突き合わせてみたいと思った。上に書いてきたことは、その問題意識のようなものだ。

本書のサブタイトル、「五十年の感情史」は、以上のような書き手の意図に基づいている。「五十年」とはいうまでもなく、一九七二年から二〇二二年までの半世紀である。この復帰後の時間の中で起きたさまざまな事象と共に、それらが人々のこころにもたらしたものを追ってみたいと思った。「感情史」とするのは、こころの動きの中でも明確な輪郭を持ちにくい情動の部分にも目を配りたいと思ったからである。

「感情史」という言葉は、若い頃に読んだ『大正感情史』（一九七九）に由来している。論稿を寄せた錚々たる著者たちの頭にあったのは、「明治の精神」に対する「大正の感情」という大きな仮説だったようだ。以来、この著作のことはずっと頭から離れなかった。

復帰後の沖縄を考えるとき、「精神史」や「思想史」では論じ切れないものが多すぎる。整合的な論理や概念からこぼれ落ちるものを掬い取らないと、今につながる沖縄の顔や声が見えてこない。「社会意識」という言葉も頭に浮かんだが、もう少し生々しい「感情」の方を選ぶことにした。『大正感情史』の著者たちも「羊頭を掲げ過ぎたきらいのあることを反省している」（前掲書）が、非力な私がさらに「狗肉」の怖れを抱くのは至極当然ではある。

なぜならこの作業は、ひどく難しいものであるからだ。

最大の困難は、私が本土に生まれた（沖縄にどんな係累もない）人間であることだ。だから、いかに学習しても体験しても、沖縄の人々のように感じることも考えることもできない。たとえシミュレートできたとしても、そう感じた考えたと発言するのは（禁止されてはいないものの）気が引ける。

さらにもう一つ始末が悪いのは、私が思い浮かべる「沖縄イメージ」に私の欲望が少なからず投影していることだ。平たくいえば、私が見ているのは、どんな場合でも〝見たい沖縄〟であるという認知のカラクリである。社会学の世界では、このようなカラクリを見通す方法を「構築主義」と呼んでいる。

もちろん、上の二つの「事情」は、いずれも沖縄に限ったことではない。人の認知能力の限界をいっているだけにすぎないが、沖縄と本土の歴史的関係は「だけにすぎない」という物言いを許さない。本土（日本国家と日本国民）は複数回に及んで、沖縄を見捨て、裏切り、差別してきたからだ。沖縄の人々が、本土人のときに身勝手な沖縄理解を拒絶するのは、正当な論理的・感情的理由がある。

こうした困難を一挙に解決する方法は、今のところ発明されていない。土地鑑のない私には、方角と地形をそのつど確かめながら、慎重に一歩一歩を進めていく以外の選択肢がない。まことにやっかいな旅ではある。

本書の構成をかんたんに紹介しておきたい。

第一部は、「沖縄ブーム」の爛熟期のことを書いた。「ブームアイランド」とは二〇〇〇年代初頭の沖縄を表したタイトルである。本土の人々は沖縄への想いをどのように抱き続けたか、その想いはいかに成就され、はね返されたか。惹かれ、通い、移住した挙句に愛想をつかし／つかされたプロセスをたどり、ヤマトンチュとウチナンチュが島の中ですれ違っていく様子を描きたいと思った。

第二部・第三部は、第一部とは逆に、沖縄の人々が復帰後に自らを立て直し、新しい思考や行動に転じていった過程を書こうとしている。第二部を「過渡期」とするなら、「第三部」は「展開期」である。「内発的沖縄ブーム」を島から起きた新しい波（ヌーヴェルヴァーグ）と捉え、その成功と後の変容を見たいと思った。各ジャンルの進化や拡大を跡付け、ポップカルチャーが必ず抱え込む「産業化」の気配も見ようとした。

第四部は、「沖縄ブーム」の後の島の状況を複数の側面から見た。一九九七年に始まる普天間基地の移設と辺野古新基地の問題がもたらした沖縄内部の「分断」、沖縄と本土の「軋轢」をいくつかの角度から捉えようとした。

冷戦後の世界を背景にした辺野古の顛末、アメリカンビレッジから始まる基地跡地問題、沖縄戦の記憶にこだわる目取真《めどるま》文学の変遷、次第に背を向け合う沖縄と本土の社会意識……。暗い話題ばかりではないが、出口の見えない小路をともかく一人で歩いてみた。私なりの、復帰後の沖縄の旅である。

もし読者が、いつもと少し違う沖縄を見たように感じてくれたら、とてもうれしいことだ。

第一部

ブームアイランドの情景

屋我地島

第一章　沖縄ジャンキー

銀座のジャンキーガール

たしか二〇〇二年の秋だったような記憶がある。私は友人と東京・銀座のはずれにある沖縄料理屋にいた。店は繁盛していて、テーブルはほぼ埋まっていた。友人は何回か遊びに行って、沖縄がすっかり気にいったらしい。料理もよく知っていたから、注文は全部任せて、私はもっぱら相手の蘊蓄を聞きながら、泡盛を飲んでいた。

なんの拍子だったのかよく覚えていないが、友人は隣のテーブルの若い女性二人組と言葉を交わし始めていた。彼女たちも沖縄に通っていて、意気投合したらしい。私の方は、反対側に座っていて話がよく聞こえないのをいいことに、ぼんやりその様子を見ていた。

そのうち、友人がこちらに振り向いて話の輪に入るように促した。

二人の女性はずいぶん陽に焼けており、（名乗った声は可愛らしかったが）それほど若くはなかった。もうかなり飲んだと見えて言葉には少し酔いも絡んでいた。「沖縄にはしょっちゅう行くよ。ダイビングが好きで一年の三分の一はむこうにいるの」。一人はそう言いながら、腕時計を示した。それは大人っぽいパンツスーツには不釣り合いな、大きなダイバーズウォッチだった。

彼女たちは潜りに行った沖縄で知り合ったと言った。そのとき一緒だったボーイフレンドとはとっくに別れたものの、「女子どうし」はその後も付き合ってきたのだという。いつの間にかダイビングと沖縄が一番大切なものになり、仕事も結婚も二の次になった。「二人一緒なら怖くないから、独身街道まっしぐら！」と一人が笑った。

そのうち正規雇用の職も捨てて、制約の少ない派遣社員になった。「理由ははっきりしないけど、とにかく沖縄が好きなの。しばらくこっちにいると、ある朝、体内の〝沖縄〟が切れかかっているのに気付く。すると急に身体の調子が崩れて辛くなる。そう、ある種の中毒なんだね。あたしたち、沖縄ジャンキーなんだよ」ともう一人が言う。

ひとしきり彼女たちの話を聞いていたら、夜はすっかり更けていた。二人分の泡盛カクテルを追加注文して、私は行ったことのない那覇の街を想像しながら友人と店を出た。

二〇〇〇年代初頭、「本土」は確かに沖縄ブームに沸いていた。沖縄に行ったという話をあちこちでさまざまな人から聞かされた。私の家人たちも連れだって出かけた。仕事仲間の両親が石垣島で不動産物件を探していると聞いたこともある。猫も杓子もというわけではないが、多くの人が沖縄へ沖縄へと煽られていた。

私自身はその地へ足を踏み入れたことがなかった。ブームの頃は、ちょうど小さな会社を立ち上げたばかりで、それどころではなかったからだ。沖縄は遠い島のままだった。

マーケティング用語を使うなら、沖縄はリピーターを呼ぶ力を持つ場所であるようだ。一度行くとまた訪ねたくなる。それを何度か繰り返すうちに常習化する。常習化するだけでなく、年に四回が毎月になり、さらに隔週末にと頻度が高まる。どんな時でも沖縄のことを考えている。沖縄に関連するものなら、何でも見たい触れたい手に入れたい……。そしてこの気持ちがピークに近づくと、「移住」

という究極の選択が脳内を占拠するらしい。一般的にはこうした状態を「沖縄病」と呼び、罹患者を「沖縄フリーク」という。

でも私は、銀座の沖縄料理屋で出会った女性たちから聞いた「沖縄ジャンキー」という言葉に惹かれた。いささか「中毒」のニュアンスが強すぎるかもしれないが、当該の症状を的確に言い表しているように感じるからだ。アメリカの風狂作家ウィリアム・バロウズの『ジャンキー――回復不能麻薬常用者の告白』(一九六九)という斯界の名著を見ると、麻薬常用者について、「だれだって常用者になるつもりでなるわけではない。ある朝、麻薬切れの苦痛に目を覚まし、そこで常用者になるのだ」と書いていた。

そういうことらしい。いつの間にか潜伏していた「中毒」は、ある時突然症状となって立ち現れ、彼/彼女がすでにジャンキーであることを告げにくる。銀座で出会った女性たちが語った通り、「中毒」症状の出現によって、人はジャンキーになる。すでに取り返しはつかなくなっている。

沖縄ブームがやってきた

ところで「沖縄ブーム」とは、いつどのように始まったのだろうか?

インターネットの古書店から購入した『沖縄大百科事典』(一九八三)で「沖縄ブーム」を引いて見ると、一九五〇年代初期に起こった本土建設業者などによる米軍の基地建設ブームを指すとある。朝鮮戦争が激化した一九五一年には、五千三百万ドルに及ぶ発注に本土のゼネコンが群がり、莫大な外資を稼いだという。なるほど、ここから二つのことが分かった。一つは、一九八〇年代初頭、観光や消費の分野で「沖縄ブーム」という観念は存在していなかったこと、もう一つは「ブーム」とは、どうやら沖縄よりも本土に利益をもたらすものらしいということだ。

観光目的の沖縄旅行が身近になったのは、一九七五年の沖縄海洋博以後とされている。海洋博自体が本土の人々を集客したのはもちろんだが、海洋博のキャンペーンに伴って流通した沖縄の自然景観（〝青い海と空〟）が広く南島への憧れを形成したことは間違いないだろう。

ただ、折からの「列島改造ブーム」の余波で、会場予定地の本部町《もとぶちょう》などでは本土企業の土地買占めが起きていた。また高騰した土地を売って建設業や宿泊業へ参入した地元民たちも少なくなかったらしい。でもフタを開けてみると、観客動員は予想外に低調であり（四五〇万人の予測に対して実数は三五〇万人）、当てにしていた県外宿泊客はパッケージ旅行で大手ホテルに取られてしまったため、地元に落ちたカネは僅かだったという。なんということはない、ここにも先ほどの〝ブームの法則〟のようなものが働いていたのである。

それでも、観光産業は一九八〇年代に着実に成長した。

一九七七年に団体包括割引（ＧＩＴ）が沖縄線に導入され、日本航空と全日空が始めた大々的な沖縄キャンペーンが観光客の勢いを加速した。青い海と空を背景に小さな水着を着けた女性を配したポスターやＣＭ映像は毎夏の恒例になった。

さらに、一九八〇年代には、恩納村《おんなそん》を中心とする西海岸に、リゾートホテルが続々と建設されていく。先駆けは海洋博に合わせてオープンしたホテルムーンビーチ（一九七五）で、以後、万座ビーチホテル（一九八三）、サンマリーナホテル（一九八七）、かりゆしビーチリゾート（一九八七）などの大型ホテルが開業していく。

こうして観光の目玉（海と空）と観光インフラ（足と宿）が整う中で、一九七五年の約一六五万人から一九九〇年の二九六万人へ、観光客数も順調に伸びていく。いうまでもなく、本土ではバブル景気が頂点へ差し掛かっていた。

また同じ頃、プラザ合意後の円高に対応する内需拡大策としてリゾート法（「総合保養地域整備法」、一九八七）が制定され、翌年には三十六都道府県が大規模リゾート構想を持つに至った（沖縄では、一九九〇年に「沖縄トロピカルリゾート構想」を策定）。地域産業・経済の停滞や縮小に悩む地方自治体にとって、「リゾート」は魔法の言葉に聞こえたのだろう。その多くがバブルの崩壊とその後の長期不況によって潰えたが、沖縄のリゾートはいまだに生き残り、数少ない「成功事例」として今に至っている。

ただ、「沖縄ブーム」は、たんなるリゾートブームに終わらなかった。一九九二年に首里城が復元・公開、翌年にはＮＨＫで大河ドラマ『琉球の風』が放映され、歴史への関心が生まれたこともある。また折からの健康ブームの波に乗って、〝長寿県沖縄〟の食材や調理が注目を集めたのも追い風になった。でも、その程度のことなら「沖縄ジャンキー」のごとき新種族は生まれなかっただろう。いわゆる「ディープなファン」が生まれたのは、沖縄のサブカルチャーやローカルカルチャーへの強い関心によるところが大きかった。「沖縄は楽しい」ではなく、「沖縄は面白い」と感じる新たな層が現れた。たぶん彼らは本土とは異なる文化を感じ取る知的センスと、その文化を成り立たせている風土ごと受容する包摂力も備えていた。沖縄のすべてを好ましいと思い、故郷でも何でもない沖縄の地に思いを寄せる人々。この新手の沖縄ファンこそ「沖縄ジャンキー」である。

沖縄カルチャーは面白い！

沖縄と本土のカルチュラルギャップの例として、こんな話をよく聞かされた。

例えばそれは、海辺にたたずむ本土人と沖縄人が見せる服装や行動の違いだったりする。沖縄の人々は、直射日光の下、ビーチで裸になったりしない。特に女性がビキニで浜辺を闊歩したり、サンオイルを塗って身体を焼いたりすることはまずない（必ず水着の上にTシャツなどを着ける）。従って、ビーチで裸をさらしているのは例外なく内地人《ナイチャー》である。沖縄の人々は強烈な紫外線がもたらす害を知り尽くしているし、用事がないのに海へ入ることもしない。彼らが浜辺で楽しむのは夕暮れ以後。かつては「毛遊び《もーあしび》」と呼ばれた歌舞音曲の集いだったし、戦後はビーチパーリー（ビーチパーティ）と呼ぶ直火焼き食材の飲食会（本土の「バーベキュー」）である。

なるほど、そうなのかと何も知らなかった私は深くうなずいたものだ。

注意すべきは、私同様、こうした生活文化の違いを面白いと感じる本土人が、それなりの数で存在していたことである。おそらく一九七〇年代なら、本土を基準にして沖縄の方を下に（または遅れたものとして）見たはずの視線が、この頃になると、異なる系に属する（それはそれで）合理的な文化現象と見る視線に変化していた。

もちろん、好奇心に満ちた本土からの眼差しは、ある種のオリエンタリズムと呼ぶことができるだろう。本土をより西欧的な近代社会とし、沖縄を近代以前として半ば蔑視する傾向は確かに一九七〇年代まであった。現在でも、差別意識がすべて払拭されたとは思えない。

ただ一九九〇年代以後、特にバブル崩壊後の本土で沖縄認識に変化が生じたことは確かだろう。異なる価値観と共同体を持つ〝もう一つの世界〟として認める眼差しが生まれた。その背景や因果は、次章以後さまざまな角度から検討してみたい。

『ハイサイ沖縄読本』（一九九三）という書物がある。篠原章という人物が中心になって編んだマニアックなガイドブックだが、この手の出版物ではかなり早い時期のものだろう。おそらく篠原が書いたと見える巻頭言は、本書が〝ありきたりの〟観光ガイドブックとしてはまったく役に立たないことを述べた上で、その存在意義をこう高らかに宣言している。

それでもなお本書は第1級の沖縄観光案内書であると主張したい。ただし「観光」するのは、名所旧跡でもリゾートでもなく、現代沖縄の多様多彩なカルチャーとそれを生みだした有名無名の沖縄人《ウチナーンチュ》たち、そしてこうしたカルチャーや人間を育んだ沖縄という時空間である。

この手の表明は後発の書にもあるようだが、篠原の言は嚆矢の自信に溢れている。新しいジャンルを開拓しようとしていたこと、想定読者である「沖縄ジャンキー」の好意的な反応を確信していたことをうかがわせる。

この本の一番の特徴は、移住ノウハウに絡めて沖縄人のライフスタイルをつぶさに描き出したPart2「沖縄移住計画」にあった。おそらく「移住」をこのような角度からガイドする書物は、本書以前には存在しなかったように思われる。

Part2の目次から、「SOCIETY & COMMUNICATION」の部分を書き出してみよう。

バスとタクシーを乗りこなす
夜型社会にどっぷりと浸る
ゆんたくひんたくウチナーライフ
「あなたも私も島の人」と言われたい
風俗・慣習とつきあう～ウチナーの神々との遭遇

もし私が当時これを見たら、「おいおい、大丈夫かい?」と聞きたくなったに違いない。「なぜ、そこまでして君は沖縄に住み、沖縄に紛れ込みたいのかね?」と。

この問いに、今答えてしまうのは少々早い。その前に、復帰以前と以後の本土と沖縄の交流や関係について、いくつかのことを書いておかなければならない。

「沖縄病」がたどった道

冒頭に記したいきさつから「沖縄ジャンキー」は私にとっては近しい言葉だが、世の中で比較的広く流通していたのは「沖縄病」の方だろう。ただし調べてみると、この言葉には少々複雑な履歴がある。

高橋順子の研究によれば、「沖縄病」という言葉は、早くも一九六〇年代に登場していた。初めて活字化されたのは、一九六〇年三月一日、朝日新聞に当時東大総長だった茅誠司《かやせいじ》が「沖縄病」の題で書いた記事であるという。茅は沖縄教職員会に招かれて訪沖し、初めて沖縄戦の実情を知る。心を痛めた茅はできるかぎりの「救援」を決意し、自身の切迫した心情を「沖縄病」と呼んだのである。

茅だけではない。当時、沖縄視察へ招かれた各界の「名士」たちの多くが「沖縄病」に罹った。彼らはほぼ例外なく贖罪の念にかられ、一刻も早い本土復帰の実現を世間に訴えた。茅の文章には重篤な同病患者として、当時日本医師会会長だった武見太郎の名が挙がっている。

一九六〇年代に急激な盛り上がりを見せた復帰運動と「沖縄病」は微妙な関係にあったことも分かる。復帰運動を主導した「沖縄県祖国復帰協議会」は次第に反戦反基地闘争や自治権拡大運動にも取り組んでいくが、「沖縄病」患者の方は「祖国復帰」のナショナリズムの方に軸足を置き続けていた。ただし復帰運動が拡大する中で、煽られるように裾野を広げた「患者」たちは、贖罪意識や救援願望よりもやや安直で一般的な共感や同情へ水位を下げていく。

一九七二年に復帰が実現した後、復帰運動の内部には、その内実に対する失望や落胆から固いしこりが残った。一方、「沖縄病」の方は復帰の実現によってテーマを失い消滅した。一九六五年に訪沖し、「沖縄の祖国復帰が実現しない限り日本にとって戦後は終わっていない」と発言した佐藤栄作首相の声明をもって、総理府の一官僚は「最大の（最高の）沖縄病患者は佐藤総理だったのではなかろうか」と述べている。「沖縄病」はみごとに利用されていた。

そして、佐藤が首相の座を降りると同時に、本土「名士」たちの思い入れに満たされていた「沖縄病」は空っぽの器になった。代わりに「沖縄フリーク」の意味合いが充填されるのは、しばらく後のことである。

原田マハが沖縄の離島を舞台に書いた小説『カフーを待ちわびて』（二〇〇六）に「沖縄病」が登場するくだりがある。主人公の友寄明青《ともよせあきお》に向かって、東京からの移住者である田中庄司が、明青の家にやってきた美しい女性の素性を尋ねる場面だ。彼女は旅人で、偶然島で出会い、住み込みで働くことになったのだと明青が嘘をつくと、田中はこう返す。

「そうなんですか。その女性はいま流行の沖縄病だな」

「沖縄病？」

「なんでも都会のＯＬが二十七、八歳くらいになると、無性に沖縄に旅したくなって、そのままどこかに居ついて帰れなくなるんだそうです。（後略）」

「なんで沖縄なの」

「そこが謎なんですよ。でもまあ、僕もそうだったから、なんとなくわかると言えばわかるかな。なーんにも考えなくていい、気候も人もあったかい、神様がいる、そんなところかな」


書き手の原田は東京出身者だから、ここに記された会話は彼女の取材や調査に基づくものだろう。「幸《さち》」という謎の女性は、主人公にとって「カフー＝果報」であり、良きものが海の彼方からやってくるとされる沖縄の信仰にも適っている。ただ来島の動機は、幸の口からは語られない。実は小説の結末部は、この動機の解釈（報酬か思慕か）をめぐって二転三転するのだが、引用部の段階では謎のままである。

先に書いたように、復帰後の一時、「沖縄病」は空っぽの器になった。その〝空家〟にやってきたのは、自然に恵まれ、温和な人々と神の住まう沖縄への没入的な感情だった。かつて「沖縄病」を発症させた道義的（実はナショナリスティック）な感情はそこから消えていた。無邪気な幸福感を求める心情が、ストレスフルな本土／都会の生活に疲れた身心を癒す欲求であるとされるようになるのは、「沖縄ブーム」のさなかである。

こうして「沖縄病」は、いつの間にか別の中身を宿しながら、〝同じ名前で店に出る〟ことになったわけだ。ただ注意すべきなのは、前と後で異なる「中身」が、実は共に本土が押し付けた身勝手な沖縄像だったことである。

「沖縄病」について、山崎浩一が書いた文章がある。かなり乱暴な言い方ではあるものの、病の本質（やっかいさ）を率直に伝えているように思う。

そもそも沖縄ってとこは、**地理的にも文化的にも政治的にも常にヤマトンチュの幻想や願望を拡大投影してくれるディスプレイ装置**みたいな役割を担わされてきたから。辺境で南島で異界で……。ヤマトの左翼やリベラル派にとっては、**革命幻想とオリエンタリズム幻想と反米ナショナリズムをまとめて面倒みてくれる便利な聖地**でもあったりして。

（「なぜなにカルチャー図鑑№56 沖縄病」、『週刊プレイボーイ』、二〇〇〇年七月十一日号）

確かに一九六〇年代の本土には、保革入り乱れての奇妙な復帰促進運動がある一方で、沖縄に安保闘争の突破口や辺境革命の可能性を見出す多様な反体制運動もあった。山崎の物言いは身も蓋もないが、沖縄に肩入れする者が、自身の野放図な妄想を沖縄がふところ深く抱き留めてくれることに期待をかけていた節はある。

しかし、いったん、この幻想の「ディスプレイ装置」に気付くと、沖縄を描いたり論じたりする行為は実にやっかいなものに転じてしまう。「沖縄ジャンキー」もしくは「沖縄病」患者が、一歩進んで正面から沖縄に向き合おうとするとき、彼や彼女は自分と沖縄のウロボロス（自らの尾を噛んで環状になった蛇・龍の図像）のような関係に気付いてしまうのだ。

よしもとばななの沖縄小説には、このあたりの事情を告げる痕跡が少しだけ覗いている。

リゾートの恋模様

よしもとばなながが、初めて沖縄の地に降り立ったのは一九九九年の夏だった。彼女は、「この夏はとてもたいへんな夏だった」と回想している。「ノストラダムスが予言しようと思っただけのことはあるなあ、と私は毎日思っていた」(よしもとばなな『なんくるなく、ない』、二〇〇六)。若い女性が暴行されて殺されたり、巨大マンションに反対するどくろマークの旗や罵詈雑言のビラがはりめぐらされたり、街中で人がめちゃくちゃに殴られ携帯電話が奪われたりした。そこいら中で、奇妙な振る舞いや過剰な仕打ちが次々に出現した。

そして彼女はこう書いている。

「なんと言ってもいちばん変なことは、多分、多くの人がふと『なんだかその人たちの気持ちがわからなくもないかも』と思ってしまうようなとっても不毛な電波のようなものが、東京を覆《おお》っていたことだ」(前掲書)。

その夏、よしもとは、初めて渡った沖縄に強く惹かれた。「不毛な電波」に覆われた東京を脱し、身心の回復を感じ、解放された。以来何度か訪れて自然や文化や人に接し、その地をめぐる短篇を書き継ぎ、五年後に『なんくるない』(二〇〇四)と題する小説集を発表した。

収められているのは、「ちんぬくじゅうしい」「足てびち」「なんくるない」「リッスン」の四篇。表題作の「なんくるない」がこの中では一番長く、一番きらびやかで、私がそれまで感じていたよしもとの作風からもっとも遠い。要は〝リゾラバ〟(リゾートラバー)ものなのだが、他の三作品が、関係の断絶を主題とし、日陰の冷暗を湛えているのに対し、この一篇だけが関係の継続を影のない書き割りのような風景の前で演じさせている。

まずは、簡単に小説の筋を紹介しておこう。

主人公の桃子はイラストレーター。元夫に見染められて一度だけテレビドラマに出演したことがあるが、タレント稼業を続けることはなかった。三十三歳の彼女は一年ほど前に離婚し、エッセイストの姉の家に居候している。

春のある日、書店でガイドブックを物色しているときに、女性の店員から攻撃的な言葉を浴びせられて動顚する。店員のイラついた気分は例の「不毛な電波」の現れだった。

この「事件」によって、桃子は離婚の後の「ぐるぐるした堂々巡りの考え」から抜け出そうと決心する。彼女は予定していた沖縄行きを繰り上げ、舞台はうりずんと呼ばれる初夏の那覇に移る。ホテルで、街で、一人旅の解放感を味わう桃子は、「いつでも、来るたびに私にこんなすばらしいことをしてくれる沖縄に、なにを返せるだろう」と頭の中で呟く。

そして二日目の夜。ひとりで夕食を摂った彼女は、充実感に浸りながら、わずかな物足りなさを感じる。

> 出会いもあったし、海でも泳いだし、最高の品のいい料理も食べた。ふと思いたって来た旅の二日目にしてはここまでやれば上出来だろうと思った。でも、なにか違うんだなあ、もうちょっと勢いがほしいというか、下品さが足りないとでもいうか……もう私も若くないからしかたないのかしら、などとあれこれ考えてぼんやり歩いていた。
> （「なんくるない」、傍点引用者）

そう思って夜の街を歩いていくと、一軒の明るい店に出会う。母と娘が経営するイタリア料理店。ふらりと入ったその店で、娘の弟トラが桃子に声をかける。彼はかつてドラマに出演した桃子を覚えていたのだ……。

ここから先の筋書きは割愛してもいいだろう。たまたま出会った二人の、さほど劇的でも麗しくもないラブストーリーにすぎないからだ。強いていえば、実行力に富んだ夫に馴染めなかった桃子が、いかにも「ダメ男」な沖縄の青年に安らぎを覚えるくだりが、この恋愛小説の眼目であるらしいことが伝わってくる。

「観光客小説」の失敗

ところで、『なんくるない』の「あとがき」には、こんなセルフレビューが書き込まれている。

「『なんくるない』は小説としては思ったように描けず失敗作であるという気がするのだが、個人的にはこの小説を読むと泣けてきてしかたない」

「泣けてきてしかたない」のは、愛犬との最後の日々を思い起こさせるからだというが、「失敗作」の方は、何が彼女にそう言わせたのか理由が示されていない。もちろん「失敗の意味」は本人に尋ねてみなければ分からない。ただ、小説好きな読み手なら、後半のラブアフェアには間違いなく首を傾げるのではないか。桃子の人物造形もトラの登場と共に薄っぺらになってしまい、前半に積み上げたヒロインの陰影が台無しになっている。練達のストーリーライターであるよしもとが、なぜそんな「失敗」を犯したのか?

私はその原因をこんなふうに考えてみる。

桃子は軽度の「沖縄ジャンキー」であり、そうであるからこそ、「もうちょっと」の「勢い」や「下品さ」を求めた。「勢い」や「下品さ」を官能性と呼び換えてもいいが、それは沖縄に実在するものではなく、桃子の幻想がつくり出したものだ。よしもとが「軽々しく沖縄の小説を書く気になれなくて、観光客小説を書いている」（『なんくるなく、ない』）と弁解じみた文言を記しているのは、その時点では幻想を突き破って向こう側へ出ていく準備や勇気がなかったと言っているのだと思う。

「なんくるない」を含む四篇の作品は、いずれも本土の人間を主人公に据えている。しかも、「なんくるない」以外の作品は沖縄人との深い接触に踏み込まない。両親の離婚（未遂）のために那覇に移住させられた少女、移住した中年の夫婦を訪ねる本土のカップル、浜辺で野人のような少女と遭遇する旅行者。唯一、「なんくるない」の桃子だけが、一線を踏み越えようとするヒロインなのだ。

ただし桃子は、湧き上がる情熱に身を委せるものの、「観光客小説」の境界線を越えて仄暗い深みへダイブすることはなかった。そして、おそらく同時に、自分が自分の幻想と〝寝ている〟ことを自覚している。こうして、他者との出会いや交流を慎重に回避した挙句、「なんくるない」は実にぎごちない作品と化してしまった。

作家本人が気に入っていない作品を採り上げるのは気が引けるが、「なんくるない」は、本土人が沖縄を表象することの難しさを伝えているようで興味深い。山崎浩一は「ヤマトンチュの幻想や願望を拡大投影してくれるディスプレイ装置みたいな役割を担わされてきた」（「なぜなにカルチャー図鑑№56」）と書いているが、これは沖縄の一つの側面にすぎないかもしれない。別の側面から見れば、幻想や欲望を呼び起こす特有の物質を分泌し、そうして素《す》の沖縄へ侵入する外敵を防いできた防衛機構としての沖縄も見えてくるような気さえする。

「沖縄ジャンキー」や「沖縄病」など、まだ初歩段階であるのかもしれない。沖縄はもっと奥深く、いくつも手の込んだ仕掛けを用意している――そんなことが少しだけ分かってきた。

第二章　『ちゅらさん』という物語

朝ドラの盛衰

ＮＨＫの朝ドラ（正式の名称は「連続テレビ小説」）でもっともよく見られた作品は、いわずと知れた『おしん』（脚本：橋田壽賀子、主演：小林綾子・田中裕子、一九八三）である。関東地区の期間平均視聴率（以下視聴率）は五二・六％、この頃の朝ドラの視聴率は軒並み三〇％台後半であるものの、五〇％超えは尋常ではない。

この視聴率三〇％時代は一九九三年で終わり、以後元に戻ることはなかった。九〇年代半ばから二〇〇〇年代初頭までじりじりと下げ続け、二〇〇三年の『てるてる家族』（脚本：大森寿美男、主演：石原さとみ）から一〇％台へ滑り落ちる。ようやく二〇％台へ戻したのは、二〇一二年の『梅ちゃん先生』（脚本：尾崎将也、主演：堀北真希）で、ブームになった『あまちゃん』（脚本：宮藤官九郎、主演：能年玲奈、現・のん、二〇一三年）でさえ、高々二〇・六％である。

もちろん、『おしん』から『あまちゃん』への三十年間に起きた環境変化は大きい。テレビからスマホへのメディアの変化も、主要な視聴者とされていた主婦層のライフスタイルの変化もご承知の通りである。さらにいえば、朝ドラが一貫して提示してきた戦後日本の家族像が、視聴者にとって自明の前提ではなくなったことも大きい。一九九〇年代に視聴率が三〇％台を割った背景には、バブル崩壊後の「リストラ」や長期不況によって、戦後家族の平均的ライフコース（長期雇用と年功制に基づく中流生活の確保）が見込めなくなったという決定的な変化がある。もちろんドラマの制作者は、変化に対応すべく工夫を凝らしたのだろうが、従来の枠組みの中で突破口を見出すのは簡単なことではなかったに違いない。

『ちゅらさん』は、そうした〝低迷期〟にあって、比較的好調な成績を残した。放送は二〇〇一年の上半期。沖縄を舞台とする初の朝ドラである。視聴率は二二・二％で、この時期では並の数値といっていい（最高視聴率二九・三％）。ただ続編がパート2から4まで制作されたことは人気の根強さを物語っているし、このドラマが「沖縄ブーム」の駆動力の一つになったのも確かなことである。

二つの家族のドラマ

改めて、ドラマの概要を紹介しておこう。

ヒロインの古波蔵恵里《こはぐらえり》（えりぃ）を演じた国仲涼子も初の沖縄出身者だった。思い込みの強いやや〝天然系〟のキャラクターを演じて広い層の視聴者をつかんだ。

古波蔵家は恵文《けいぶん》・勝子夫妻と三人の子ども（恵尚《けいしょう》・恵里・恵達《けいたつ》）、恵文の母ハナの六人家族である。八重山諸島の小浜島で民宿「こはぐら荘」を営んでいる。

沖縄にはよくあるという「男逸女労」そのままに、仕事に精を出さない父親を堺正章、頼りない夫の尻を叩くしっかり者の母親を田中好子が、ウチナーグチ（沖縄言葉）風のセリフで演じ、愛嬌のある家族像を造形した。加えて、恵里の祖母（おばぁ）役の平良とみやガレッジセールのゴリと川田広樹、宮良忍《みやらしのぶ》（当時ＤＡ ＰＵＭＰ）、比嘉栄昇《ひがえいしょう》（ＢＥＧＩＮ）などの沖縄出身者がもたらす、時に濃厚で時にさりげない島の風情も隠し味になっていた。

つまり、本土の視聴者は古波蔵家を通して、沖縄の緩やかな暮らしのリズムや情に厚い地域共同体の一端を垣間見ることになったのである。中でもその象徴として映ったのが平良の役どころである。彼女は沖縄の「おばぁ」の典型らしきものを提示した。自分の子（恵文）にはやや厳しい割に孫（恵里）にはめっぽう優しい。合理的でときに自己中心的だが、重要な場面ではシャーマンのように宇宙の摂理を口にする。家族を思う気持ちは強いものの目先の利害に転ぶことなく、長期的なビジョンを示す洞察力を持ち合わせている。

実は『ちゅらさん』全体が、このおばぁの掌の上で進行していくような感触がある。実際平良はハナを演じつつ、ナレーターとして物語を司った。

古波蔵家と対比的に設定されたのが、東京から小浜島へやってきた上村《うえむら》家。この一家は、密かに難病の長男和也（遠藤雄弥）の最期の場所を求めて来島した。秘密を抱えた一家はやや暗い。母親の静子（真野響子）も父親の伸生《のぶお》（勝野洋）もほとんど素性が語られないのは、都会の家族の画一性ゆえなのだろうか。

死が迫っていると気付いた兄の和也は、弟の文也（小橋賢児）と恵里に将来結婚するように言い渡す。その一言がなぜか強烈な規定力を発揮し、恵里の人生を導いてしまう。文也の方は子ども同士の他愛ない同意と受け取っていたが、十一歳の恵里はそうではなかった。

改めて全編を見て、私はこのドラマが、幼い約束に対する二人の思いのズレ（「非対称」）が、悲劇すれすれのコメディを織り出していたことに気が付いた。

ブームの中の二〇〇一年

主要な論点に入る前に、『ちゅらさん』の時代を振り返っておきたい。まず押さえておきたいのは、この作品が「沖縄ブーム」を増幅する役割を果たしたとはいえ、ブームそのものをつくり出したわけではないことだ。前章で触れたように、「沖縄ブーム」は、すでに一九九〇年代の半ばには目に見えるものになっていた。

あえてマーケティング用語を使えば、九〇年代前半には、長期逗留者や移住者予備軍がいわば〝アーリーアダプター〟として現れ、彼らの言説がメディアを介して本土へ逆流していった。『ちゅらさん』が放映された二〇〇一年は、ちょうど次の消費層である〝アーリーマジョリティ〟や次の〝レイトマジョリティ〟が彼の地を訪れ、「沖縄ブーム」のメジャー化が急速に進んだ時期に当たるだろう。域内への観光客数は、一九九一年に三〇〇万人を突破、一九九八年に四〇〇万人を超え、二〇〇三年に五〇〇万人の大台に乗った。年を追うごとに増加のスピードも上がっている。

ただ二〇〇一年は、「9・11」（アメリカ同時多発テロ事件）の衝撃が全世界を駆け巡った年でもある。沖縄の米軍基地は最高レベルの警戒態勢を敷き、緊迫感が島を包んだ。十月にはアフガニスタン戦争も始まり、「米軍を抱える沖縄は危険」という風評が広がった。この影響を受けて観光客数は若干減少したものの、さほど間を置かずに増加へ復した。内訳を見ると、外国人は二〇〇七年まで減り続けているのに対し、日本人は二〇〇二年にはもう反転している。それだけ、本土からの〝観光圧力〟が強かったということだろうか。

「メジャー化」に伴って、ブームの質も変わってくる。新城和博は自著で、九〇年代のサブカル的ブームと対比させ、『ちゅらさん』を契機にした『沖縄ブーム』は沖縄イメージの消費、ひとことで言えば産業、商売としてちゃんと成立するものであった」（『増補改訂　ぼくの沖縄〈復帰後〉史プラス』、二〇一八）と書き、「ブームとは、全国的に物産が売れること」（同前）であるとの認識を持ったと続けている。

『ちゅらさん』はこの兆候をちゃんとつかまえて、恵里の異父兄、恵尚（ゴリ）に「ゴーヤーマン」という土産物のキャラクター商品を開発させている。彼は勝子が結婚前の恋人となした子で、居の定まらない風来坊であり、「フーテンの寅」こと車寅次郎を擬したような人物である。沖縄を半ば出奔したことで、ブームを本土の側から観察し、「物産」へ着目するようになったのだろうか。

この頃古波蔵家は、さっぱり客が来ない民宿を諦め、那覇へ移住していた。恵文はタクシーの運転手に、勝子は農連市場で働く。そこへ降って湧いたのが、恵尚のキャラクタービジネスだ。恵文や恵里は乗り気になり、虎の子の貯金を投じるものの結果は惨憺たるものだった。時代設定はおそらく一九九〇年代だから、ブームがいよいよ大衆化し、「産業」や「商売」へ結実する少し前だったのだろうか。ゴーヤーマンの在庫の山を前に呆けて笑う一家。一家にブームの果実が回ってくる気配はない……。

予言は成就されたか

そんな中、十八歳になった恵里は、級友に煽られて東京の大学を受験するがあえなく不合格。しかし、彼女は東京行きを諦めない。那覇の街で知り会った池畑容子（余貴美子）を訪ねて、東京雑司ヶ谷のアパート一風館へ転がり込む。

恵里が東京へ向かうのは、文也との再会を（ほぼ何の根拠もなく）確信していたからだ。一風館の住人たちに半ば呆れられながら、小浜島の約束を一途に信じる恵里。そんな彼女が偶然にも大学病院で文也に再会する。

『ちゅらさん』の物語構造はきわめてシンプルである。死んだ和也の予言を成就すべく恵里は突っ走る。看護師になった彼女は文也に近づく。だが、文也との距離は縮まらない。彼の方には、西宮遥（小西真奈美）という恋人らしき女性もいる。小浜島で文也にもらった、「約束」のシンボルともいうべきスーパーボールをなくし、パワーダウンする恵里。すると突如おばぁが上京してきて恵里を叱咤し、文也に正面から向き合えと激励する。

ようやくのことで積年の思いを告白した恵里の言葉に茫然とする文也。その様子を見て憑き物が落ちたかのような恵里が久々に小浜島へ帰ってくる。一風館の住人、ファンタジー作家の城ノ内真理亜（菅野美穂）が、恵里をモデルにした小説をせめてハッピーエンドにするよと慰めかかったとき、文也がようやくプロポーズに現れる……。

さて、『ちゅらさん』が視聴者を惹き付けた理由は何だったのか？　それはもちろん、健気で微笑ましい家族ばかりではなかった。口には出さずとも多くのえりぃファンは、彼女の一途な恋心を（半ばストーカーのような行動に呆れつつ）応援したのだろう。ある種のすれ違いや行き違いがもたらすメロドラマ的な味わいもそこにはあった。恵里と文也の想いのズレが強調されるたびに、視聴者は次の展開を楽しみにするようになった。このズレまたは落差こそ、『ちゅらさん』とその視聴者を引っ張り続けた原動力だった。

でも、そこに留まらず、もう少し先へ考えを進めていくこともできる。二人の想いの「非対称」はドラマの推進力であるだけでなく、『ちゅらさん』という物語の隠された意味を伝えているようにも思えるからだ。

基地の見えないドラマ

『ちゅらさん』は、一貫して沖縄の悲劇的な歴史に言及しなかった。少なくともおばぁは沖縄戦を体験した世代だが、彼女の科白に「戦争」はついに現れなかった。和也が死んだあと、恵里と文也に向かって語る「命《ぬち》どぅ宝」の話も、「戦世《いくさゆ》」には触れなかった。結局、『ちゅらさん』には、米軍基地も暴行事件も登場しない。それは沖縄の現代劇である以上、却って不自然な印象を与えた。

ただ、「約束」をめぐる恵里と文也の想いの「非対象」は、明らかに沖縄と本土のアンバランスな関係のメタファーになっていた。

沖縄が本土に焦がれているのに、本土が素っ気ないという〝片想い〟を指しているのではない。問題は「約束」への想いなのだ。「あの約束をないがしろにはできない」――脚本家の岡田恵和《よしかず》がどこまで意識的だったかは不明だが――恵里を支えたのはそうしたシンプルな行動原理だった（そうでないと遥から文也を〝略奪〟する恵里の行動が説明できない）。でも、文也はそう思っていなかった。

岡田は沖縄の新聞のインタビューで、記者から「ドラマでは基地が見えません」と問われて、「ドラマの中で基地の存在を見せてどう思う、と問い掛けるのではなく、こんなに楽しくて、うらやましいような古波蔵家の向こうにフェンスがあることを見ている人に感じてもらいたかった」と答えた（『琉球新報』、二〇〇一年九月二十六日）。

岡田は『ちゅらさん』を含め、朝ドラを三作書いている。二作目の『おひさま』（主演：井上真央、二〇一一）では戦争に翻弄された女性を描いているし、三作目の『ひよっこ』（主演：有村架純、二〇一七）では高度経済成長の裏通りを歩いた人々に目を配っていた。だからこの発言は、岡田にしては少々言葉足らずだと感じる。基地を見せるか見せないかのレベルではない。復帰に対する本土（政府）

側の「約束」は、その時もその後もついに守られなかったことを私たちは知っており、脚本家もそれを十分に知っていたはずだからだ。

東京で文也の心をつかめない恵里のもとへ、おばぁがやってくるというエピソードをもう一度振り返ってみよう。おばぁは、「約束」を忘れかかっている相手をそのままにしてはいけないと恵里に言う。守られなかった約束は当事者に深い傷を残すことがある。「非対象」を明らかにし、沖縄の想いの深さを知らせなくてはならない。そうしなければ幸せはやってこないと、祖母は孫娘に伝える。

いったんの死と再生

恵里と文也は、「約束」通りに結婚し、恵里は男の子を産む。死んだ文也の兄の名前を引き継いだ二人目の和也である。このリトル和也が、ドラマの終盤で大きな役割を果たす。

発端は、幼い和也が拾った財布。交番に届けようとしたにもかかわらず落とし主に見咎められ、和也は強いショックを受ける。以来、他者への恐怖が身体から抜けなくなってしまう。

一方、恵里は腹痛から、自身の深刻な病に気付く。それでも、和也の転地療法を目的に、周囲に事態を告げないまま小浜島へ向かう。

一人目の和也がかつて植えたガジュマルの下で恵里が倒れる。二人目の和也は助けを求めて村へ走る。小さな和也を導くのは、沖縄ではお馴染みのキジムナー。放送の第一週を覚えている視聴者は、この妖怪が一人目の和也であることを知っている。（少年の和也は恵里から、ガジュマルに棲む妖怪のことを聞いて「キジムナーになりたいな」と呟いていた）。

リトル和也は、母・恵里の危機に臨んで、他者への恐怖を乗り越え、村民にこう叫ぶ。

「お母さんを助けてください」

こうして、物語はくるりと一回転し、和也から和也へバトンが渡される。ここが物語の本質的なエンディングだった。かつて難病の少年を救えなかった島は、このたびは一人の女性の命を拾い上げ、その息子を開かれた世界へ連れ戻したのだった。一命をとりとめた恵里はその後、夫と共に「島の保健室」をつくるために小浜島へ移住する。ヒロインの帰還という朝ドラのルーティンであり、島の〝癒す力〟を目に見えるかたちで示すことにもなった。二〇〇一年、「沖縄ブーム」がピークへ向かう時期、『ちゅらさん』は癒しのイメージを散布して全編を終えた。

十一年後の沖縄ドラマ

『ちゅらさん』を相対的な視点で見るために、十一年後に放映されたもう一つの朝ドラを紹介しておきたい。NHK大阪放送局で制作され、二〇一二年下半期に放送された『純と愛』だ。

主要な舞台は宮古島と大阪。二作目の沖縄ドラマだった。「純」は狩野純（夏菜）、「愛」は待田愛（風間俊介、「愛」は「いとし」と読む）。この二人の主人公を中心に、狩野家と待田家の二つの家族の出来事がからみ合い、従来の朝ドラにはないジェットコースター的ドラマが展開した。

DVDで見た私には、ほぼ初見の作品だった。まず驚いたのは、『ちゅらさん』に少しも似ていないこと。つまり、沖縄らしいムードを完全に排除していた。これはこれでなかなかの見識と勇気だと思った。

脚本を書いた遊川和彦《ゆかわかずひこ》は、『家政婦のミタ』（二〇一一）を書いた売れっ子だった。朝ドラの「型」を壊す作品づくりに意欲を燃やしたといわれるが、放映開始時から、「ドタバタしていて朝のドラマにふさわしくない」といった視聴者の批判が多数寄せられたという。

一七・一％という平均視聴率は、過去十年を振り返れば特に低い数字ではないが、ＮＨＫ大阪を襲ったショックは大きかったようで、以後平成期に時代を設定する作品はしばらくつくられなかった。

簡単にストーリーを紹介する。

ヒロインの狩野純は大阪に生まれ、十歳で宮古島へ転居。母方の祖父が経営していたリゾートホテル「サザンアイランド」――純はそれを「まほうのくに」と呼んで憚らない――に魅せられ、以後このホテルに往時の輝きを取り戻す夢を持ち続けている。だが、経営にあたる父（武田鉄矢）とは折につけ激突。純はいったん島を去って、大阪でホテル修業の道に進む。

高級ホテル「オオサキプラザホテル」に就職するも、一途な性格が災いして孤立。そんな中で、人の心が読めるという特殊能力を持つ待田愛に出会う。二人は次第に惹かれ合って結婚する。愛もまた、他者と上手く折り合えない純と同じく生きづらさを抱えていたのである。

純がブライダル担当としてようやく芽を出しかけた頃、ホテルは外資に買収されリストラを迫られる。再建への闘いも虚しく、退職を余儀なくされる純。すると今度は、父の「サザンアイランド」売却計画が伝わってくる。島に戻って父に対抗するが、こちらも強権的に押し切られて敗北。茫然自失で大阪へ戻った純は愛とも気持ちが離れ、自暴自棄になって街をさまよう。その挙句、大正区の古い宿泊所兼食堂「里や」の女将、サト（余貴美子）に救われ、彼女に一部始終を吐き出してようやく気を取り直す。

押しかけるようにして職を得た「里や」でも持ち前の熱心さを発揮する純は、従業員を鼓舞し、集客策を講じ、借金苦から廃業しようとするサトを説得する。しかし、客の寝タバコによる火災で「里や」は焼失する。

自身がかかわる宿泊事業がすべて失敗するのを見て、純は深く落ち込む。しかも宮古島から大阪へ出てきた父は急死、母は認知症を患う。ホテルを諦めかけたとき、ファッションブランドのオーナーから宮古島の別荘を提供され、彼女はもう一度「まほうのくに」の建設に赴く。しかしその先にも、予期せぬ苦難が待ち受けているのだった……。


これでもかとばかりに難題が見舞う慌ただしさはともかく、『純と愛』には、ラブストーリーとしてもファミリードラマとしても、見る者を惹き付ける要素がなかったわけではない。その一つは、禍々しい事件とそれが引き起こす激しいエピソード展開だが、もう一つは、登場人物たちのいささか過剰な性格的傾きだった。

中でも〝歪み〟の程度が度を越しているのは、悪鬼のような形相で純に対する父、善行である。大阪出身の元商社マンで仕事に失敗し、妻の実家である宮古島へ移り住んだものの、義父のホテルにも島の人々にも馴染めず、性格のマイナス面を拡張していったような人物である。

敗残者ゆえの強情者である父と、その父に抵抗して攻撃的にならざるをえなかった娘（純）の確執こそドラマのエンジンだったことはいうまでもない。

そして善行と同程度に異様なのが、愛の母、多恵子（若村麻由美）だ。代々弁護士事務所を営む待田家の一人娘だが、次男の純（奇しくも狩野純と同名）を亡くしてから、極度に冷酷かつ高圧的に振る舞うようになった。事あるごとに狩野純の敵対者の側に立ち、純と愛の結婚に反対する。

そして類稀な精神力と行動力を持ちながら、現実と噛み合うように歯車を回せないヒロイン、純も並ではない。彼女はまるで、わざわざボタンを掛け違えた服を選んでいるとされ見える。

二作目になる沖縄の朝ドラは、なぜこのような物語になったのか。『ちゅらさん』からの十一年間を振り返りながら、二つのドラマの立ち位置の違いを考えてみたい。

沖縄のいらない沖縄ドラマ

まず、『純と愛』を見て最初に気付くのは、ヒロインが一貫して標準語で喋ることである。原作のノベライズ版によれば「将来のためにできるだけ標準語を話すようにしている」（作 遊川和彦／ノベライズ 丸山智『NHK連続テレビ小説 純と愛』、二〇一二）とのことだが、これには違和感があった（家族の中では森下愛子が演じる母、晴海だけがやや沖縄っぽい喋り方をする）。

ただ、あえて私見で理屈を付ければ、こういうことかもしれない。

純の父は移り住んだ宮古島を強く嫌っていた。だから母の故郷とはいえ、純も屈託なく島に馴染むわけにはいかなかったのだろう。彼女の過度な攻撃性の遠因は、故郷を定められないもどかしさから来ていると私は推量している。この故郷喪失は、彼女から宮古方言を奪い取り（実は関西弁も奪っている）、反転して祖父のホテルに対する過剰な理念化を促しているようなのだ。つまり脚本家は、島への自然な一体感を持てないヒロインをあえて造形することで、沖縄ドラマに新機軸を持ち込んだのである。

また翻ってみれば、『純と愛』は、失意を抱えて島へやってきた父・善行の苦難の物語であることも重要だ。『ちゅらさん』にはなかった移住者の試練とその残酷な結末が、家族内のけたたましい葛藤も併せて描かれたのである。朝ドラには異例のプロットだった。

ただ、善行が島を嫌う理由はさほど明白ではない。脚本家は、島から来た女性（晴海）を妻に選んだ彼が、その島を毛嫌いする理由をほとんど説明していないのだ（前掲書には「どこがいいんだ、こんな文化も何もない土地が。どいつもこいつも人のプライバシー無視して、何かありゃすぐ、酒飲んで踊り出しやがって」という科白が辛うじて見出せる）。一つの推測は、沖縄人が多く住み、彼らに対する差別も多くあった大阪で生まれ育った善行に、潜在的な差別意識が潜んでいた可能性だが、ドラマの中には、もちろんそんな場面はない。

もう一つ、ダメ押しのような物言いをすれば、『純と愛』は沖縄という要素がなくても成立するドラマになっていた。端的にいえば、宮古島は（実は大阪市大正区も）どうしても宮古島（や大正区）でなくてはならない必然性に乏しいのだ。宮古島の美しい海は映像として登場するし、住民たちの姿も映し出されないわけではないが、それらは背景に過ぎず、ドラマの核となるメッセージに結び付いていない。

「復帰四十周年」という鳴り物入りの作品ではあったものの、制作陣はあえて「沖縄」をドラマの要素から外してかかったように見える。その理由はよく分からない。「沖縄ネタ」は使いつくしたと考えたか、それとも面倒くさいと思ったのか。その「どちらか」だったのかもしれないし、「どちらも」だったのかもしれない。

とにかくこの断念をスタート地点として構想されたのが、父と格闘し度重なる試練を乗り越えるスーパーウーマンと、彼女のサポートに徹するパートナーの物語だった——というのが私の推測である。

さて、『ちゅらさん』の十一年後の朝ドラも見た上で、浮かび上がってくるものは何だろう。

一つは、脚本家がヒロインを造形しきれていないことだ。岡田や遊川のような達人たちにそんな暴言を吐いていいものか気後れはあるものの、これは確信になりつつある。というのは、恵里の猪突猛進の暴走も純の超攻撃的な奮闘も、共に人物造形に失敗した挙句の「放置」ではなかったのかと思えてくるからだ。

そうなった原因はおおよそ分かる。脚本家が沖縄人をつかみ切れないからだ。最終的につかみきれないから、投げ出すように、やや尋常ではないキャラクタライズへ走る。たぶん、演出家もそちらへ増幅させる。結果的には、想う相手を追いつめるストーカー（恵里）や触れるものすべてを滅却する壊し屋（純）が出現してしまう。

沖縄ドラマをつくる難しさ。その一端がヒロインの造形に表れている。

もう一つは、ヒロインのパートナーを務める本土の男性が、例外なく彼女より上層の階級に属していることだ。彼は優れた能力を有しており、その階層にふさわしいジェントルネスも身に付けている。しかも、自身の階級を鼻にかけるような俗物ではない。でも間違いなく、彼はアッパークラスなのだ。

岡田さん、遊川さん、いったいどうしてなんですか？

もちろん、いまだに男女の婚姻譚で圧倒的優勢を誇るシンデレラストーリーの影響もあるだろう。ただ、それだけではない。本土の視聴者には（たぶん沖縄の視聴者にも）、こうした階層差のある男女の関係はごく自然に受け入れられている。だから脚本家たちは、あまり悩むことなく、この関係を踏襲している。

そして、復帰五十年目の二〇二二年に放映された三番目の朝ドラ『ちむどんどん』（脚本：羽原大介）も、上記二つの「定型」を守っていた。ヒロインの比嘉《ひが》暢子《のぶこ》（黒島《くろしま》結菜《ゆいな》）は他者への配慮なしに、自分のやりたいことに夢中になってしまい、たびたび悶着を起こす。自らの決心を人前で宣言する癖があり、彼女に共感できない人間の反発を招いてしまう。要するにかなりの自己中心主義。一方、彼女と結婚する青柳和彦（宮沢氷魚《ひお》）は、大学教授の父（知）と良家の娘である母（財）によって形成された上流家庭に生まれたことが、自然に滲み出てしまうような男性である。

何がそうさせるのか。脚本家に留まらず、朝ドラやＮＨＫという本土のメジャーシステムの「沖縄イメージ」なのか。それとも、沖縄の人々を含めた視聴者が求めるものがそちらにあるのだろうか。分からないことばかりだ。

私はこんなふうに考えてみた。きっとつくり手たちは、ふと沖縄に向き合ったとき、それが見慣れたリゾートアイランドではなく、さまざまな理不尽や不可解が散乱する複雑な現実であることに気付くのだ。沖縄っていったい何なんだ？　そんな戸惑いにしばらく足を取られると、ドラマをつくる人々は（その手練れと忙しさゆえに）、極端な人物造形やステレオタイプへ、一挙に舵を切るのだろう。もちろん、それもプロの仕事振りの一つだが、そこでは、沖縄を描くことの本当の難しさは言い出されないままなのだ。

第三章　移住者たちの憂鬱

沖縄的ライフスタイル

『沖縄スタイル』という雑誌の創刊号（二〇〇四年二月刊）が手許にある。表紙に刷り込まれた誌名の肩には小さな文字で「南の島の楽園生活マガジン」とあり、特集タイトル「沖縄で暮らす」にも「そろそろゆったりと、のんびりと。」というショルダーが付いていた。

見た目では、『沖縄スタイル』の読者対象は比較的余裕のある沖縄愛好者のようだった。A４変型判で八割はカラーページ、本体価格は九百三十三円。発行元は東京の出版社だったが、那覇市内に沖縄編集部を構えていた。

巻頭には「沖縄引力」と題した口絵ページを置き、「沖縄引力の証言者たち」として、ダイビング、シーカヤック、スカイスポーツのショップやマリンクラブを営む人々を紹介している。次に配置された四〇ページに及ぶ特集では、七組の家族と彼らの瀟洒な住宅、小綺麗な暮らしの様子を写真と文章で見せている。登場するのは、漆器作家、陶芸家、音楽家といったアート畑の人物やリタイア組を含めた企業経営者である。

これらのふわふわした綿飴のような記事を読み飛ばしていくと、後半のモノクロページに「沖縄移住考」という見開き二ページのやや実用的と見える記事にたどり着いた。

冒頭では、県外からの年間転入者数（二万七八〇〇人）と県外への年間転出者数（二万六五〇〇人）を比べ、転入超過が転入全体の五％弱に過ぎないことを以て、移住の難しさを示すというややトリッキーなロジックを展開している。もっともこれに続くアドバイスは、「マンスリーマンションで移住疑似体験」とか「部屋を借りて超長期滞在」といった小見出しが語るように、安易に〝移住という冒険〟へ飛び込むのは止めた方がいい、という穏当なものである。

「移住」を雑誌づくりの柱の一つに据えた雑誌が、読者に向かって慎重な態度を求めるのは、移住に関連するトラブルやクレームが頻発していたからだろうか。記事中にあるように、本土からの（自主的でやや趣味的な）沖縄移住希望者への情報発信が始まって、ほぼ十年が経過していた。当初の〝イケイケどんどん〟のトーンは、さすがにこの時期になって落ち着いたものになっていたようだ。

この雑誌が創刊された二〇〇四年は、そろそろ「沖縄ブーム」がピークを越え、〝リアルな沖縄〟に戻りつつあった時期だと思う。八月には沖縄国際大学に米軍のヘリコプターが墜落、炎上した。翌日のある本土紙の一面が巨人軍の渡辺オーナーの辞任だったこと、また小泉総理に会見を求めた稲嶺知事が、休暇中を理由に断られたことが沖縄ではよく知られていた。確かに、本土のマスコミや政治家の無関心は呆れるほどだったのだ。

一方、沖縄への移住はコンスタントに継続していた。ブームの終盤に差し掛かって、沖縄に憧れ続けた人々は、まるで夢から覚めるのを怖れるように沖縄へ渡ったのだろうか。

彼らの鋭敏な予感の通り、数年後には終焉がやってきた。リーマンショックの影響で、観光客数やホテルの稼働率などが急減した。夢は本当に覚めてしまったのだ。

そして、沖縄関連誌が三誌、次々に休刊した。〝ライフスタイルマガジン〟をうたった『季刊カラカラ』、創刊十周年の生活情報誌『月刊うるま』、そして最盛期には四万部を刷ったといわれる『沖縄スタイル』だった。

華々しい移住者たち

その海辺の住まいは、欧米風の（つまりありきたりの）リゾートハウスではなかった。沖縄の暮らしを感じさせる質朴な味わいを残しながら、豪奢な邸宅の風格も備えていた。一九九九年に竣工した宮本亜門の自邸（「Asian Gate House」）は、〝沖縄らしさ〟を表現しえた稀な成功例かもしれない。沖縄本島南部、南城市玉城《たまぐすく》百名《ひゃくな》に現存するこの住宅は、崖下の海岸に向けて長方形の筒を横倒しにしたような構造を持ち、太平洋へ向けて設えた開口部からリーフへ砕ける白波を望むことができる。ベランダの中央には穴が穿たれ、海岸から突き出した大きな琉球石灰岩の姿が見えるように工夫されていた。

宮本が一般に知られるようになったのは、一九九三年に放映されたインスタントコーヒーのCM映像（「違いのわかる男」）からだが、彼が沖縄移住者として知られるようになったのは、この自邸のインパクトによる

百名ビーチ

ところが大きいだろう（私もその一人だ）。

宮本がＣＭ映像の収録のために初めて沖縄を訪ね、たちまちその魅力の虜になったのとほぼ同じ頃、すでに移住を決めていたのは池澤夏樹である。足繁く沖縄に通っていた池澤は、一九九四年から那覇で暮らし始め、四年後には南部の知念村へ移住した。

沖縄での自身の「身分」について、池澤は「『勝手に特派員』であり、『帰りそびれた観光客』」と述べたことがある（『沖縄への短い帰還』、二〇一六）。前者の活動は、「むくどり通信」というコラム（『週刊朝日』）や新聞への寄稿をベースに、当時の県知事大田昌秀との共著（『沖縄からはじまる』、一九九八）にもつながった。後者は、文化・風俗・食物・芸能・言葉・歴史・自然などへの関心を通して多くのエッセイや小説を生み出した。含みのある言い方かもしれないが、池澤はもっとも〝成功〟した移住者の一人だろう。

なぜ、この人は沖縄へ移り住んだのか。「簡単に言ってしまえば、沖縄が好きだからということになる」と書いて、池澤はさらにこう書いている。

　ぼくの場合、好きだと言うのとは別に、沖縄に移り住むもう一つのきっかけとして、国というものに対する関心があった。もともと政治には興味がなかったはずなのだが、作家として書いてきたものを振り返ってみると、そこに国家というテーマが見え隠れしている。人の生活はある程度まで国という場の上に乗っているから、作家としてはそれを書かざるを得ない。（中略）では、その自分たちの国の姿をなるべくよく見える視点から見てみたい。その視点を置く場として、沖縄はなかなか有利なところだとぼくは考えた。それがぼくが沖縄に来たもう一つの理由だった。

（大田昌秀・池澤夏樹『沖縄からはじまる』）

池澤の文言は、沖縄を訪ねる知識人に共通する動機を示している。沖縄は、中にいると正体の見えにくい〝日本という仕組み〟を眺め渡す格好の観察地なのである。沖縄からは、「日本の全景」（前掲書）が見える。しかも大した苦労なしに、全景を裏側から見ることも可能であるらしい。知的な関心とは、ふだん見えないものへの好奇心も含んでいる。

沖縄から天国へ行った男

上記の二人とは少々様相を異にする著名な移住者をもう一人紹介しておきたい。彼も（池澤とは異なるやり方で）存分に沖縄を味わった移住者である。

一九八〇～九〇年代に日本のロックを聴いていた人なら、ローザ・ルクセンブルグとボ・ガンボスという二つのバンドのヴォーカリスト、〝どんと〟（本名：久富《くどみ》隆司《たかし》）を知っていることだろう。いずれも短命なバンドだったが、シンプルなロック&ロールと高い熱量のステージでファンを惹き付けた。

もっともどんとの歌には、忌野清志郎の強い影響もあって、洋楽テイストに加え、〝魂の応援歌〟とでもいうような情感が練り込まれていた。いまだにどんとを懐かしむ人が少なくないのはこのあたりに理由がある。

一九九五年六月、十枚ほどのアルバムを残してボ・ガンボスは解散、どんとは妻の小嶋さちほ（元ゼルダのリーダーでベーシスト）と二人の子どもを伴って沖縄へ向かった。以後、ソロで活動したどんとは、沖縄のミュージックコミュニティと（おそらく適度な距離を保って）つき合いながら、自身の歌の世界をつくっていった。

小嶋は、そんな夫と家族の様子を日記風の読み物で雑誌に連載した（『竜宮歳時記――どんとの愛した沖縄』、二〇〇一に収録）。一九九六年の九月の県民投票直前の熱っぽい街の情景から始まり、約三年半書き継がれている。書き手の的確な観察眼と旺盛な知識欲によって優れた沖縄レポートになっているし、所々に「ここ沖縄では最高の音楽が山盛りであるよ」（同前）と語ったどんとの（即興のように見えて周到に準備された）音楽活動の様子も描かれている。

沖縄時代のどんとは、動画がインターネットにいくつも残されたおかげで、その穏やかで開放的な歌いっぷりを見ることができる。民謡酒場で三線《さんしん》を弾いて歌った島唄もあるし、フェンスを背にアコースティックギターをかき鳴らして歌った自作曲もある。楽曲でいえば、文字通り手作りで制作したアルバム『ゴマの世界』（一九九五）に収められた歌がいい。素朴な味わいながら、どこか世界の深奥を垣間見せるような響きがあって、この人の追究していた音楽のかたちが伝わってくる。

一曲目はこんな歌である。

あの雲はどこへ　あたたかい方へ
帰りたいはやく　あたたかい方へ
（「あたたかい方へ」）

二〇〇〇年一月二十七日、どんとはハワイ島で亡くなった。家族旅行の最中の突然の死だった。一九九五年に「岐阜から京都から埼玉から東京から湘南《しょうなん》から沖縄へおれは流れ着いた。やっと落ちつける場所を見つけたんだ」（前掲書）と書いた男は、その五年後にその場所からいなくなってしまった。彼は多分、最上の沖縄を体験した移住者の一人である。いちばんいい時期に格好の仲間にめぐり合い、いい思い出だけ持って逝ってしまった。

無名の移住者たち

もちろん一九九〇年代の移住者の大半は、彼ら三人のような著名人ではない。当時沖縄へ「片道切符」で向かった無数の移住者のほとんどは無名の人々である（その実態はあまり分かっていない）。ただ、彼らにしても、沖縄はたんにパンを求める場ではなかった。移住の理由について、「沖縄が好きだから」と答える人たちの中には、本土にいては見えない〝自身の「全景」〟を見てみたいという気持ちもあったはずだ。それは切実さにおいて、日本を丸ごと見たいと考える作家に引けを取るものではなかった、と私は思う。

ただし、無名の移住者の情報は、わずかな断片しか残されていない。それらをパッチワークのようにつなげて表情や仕草を浮かび上がらせるのは、まことに心もとない作業ではある。

まず、生活の糧のところから入ろう。

「日本」や「自分」を見るためであろうと、沖縄へ住むには、それなりのカネが必要になる。本土で稼いで沖縄で使うのがもっとも賢明なやり方だろうが、無名の移住者の大半は現地で自身の身体を張って稼ぐ以外の道はなかったはずだ。

ところが、外からきた人間が、沖縄でそこそこの職を得るのは簡単なことではない。なにせ、沖縄は失業率・賃金水準など労働環境の指標ではワーストレベルの地域である。

ただ若年層の高失業率については、額面通りではないという説もある。失業者の半分を占めるのは三十代以下の年齢層だが、その大半は本土である程度稼ぐと沖縄へ帰ってきてしばらく遊び、カネがなくなるとまた働きに出る変則Uターン組と、アルバイトを渡り歩くフリーターによって占められている（沖縄の若者の早期離職率は高く、高失業率の原因にもなっている）。だから高失業率にもかかわらず、若年層の人手不足が発生しており、そこを突けば結構仕事はある、というロジックである。

つまりブームのさなかには、観光客の増加に伴うホテルラッシュで恒常的な求人があったから、〝リゾバ〟(リゾートバイト)と割り切って非正規雇用を厭わなければ、食うには困らなかったともいえよう。それ以外にも、サービス業関連で職種を厳しく選ばなければ口はあった。ただし、労働条件のレベルがけっして高くなかったことは確かである。

「沖縄ブーム」当時の資料で移住者の仕事や暮らしを瞥見した限りでは、ホテル、ダイビングショップ、レンタカーなどの観光関係に並んで、看護師やエステティシャンなどが目についた。中には、見事に独立を果たしたレストランオーナーもいたが、艱難辛苦を乗り越えた数少ない成功者のようだった。

本土からやってきた人たちのワークスタイルやライフスタイルがどんなものだったのか、少し例を引いてみよう。

下川裕治は、宮古島の「ナイチャーギャル」の働きぶりを紹介していた。彼女たちは〝準移住者〟とでも呼ぶべき存在だが、島の雇用の一面をのぞかせてくれる興味深い事例だ。彼女たちを雇うのは、「ナイチャーギャルの店」(本土の女性が客の相手をする料飲店)。ダイビング好きの女性に、飛行機代や現地のアパート代、一日あたり一ダイブ分の費用を支給した上で、それなりの給与を支払うという。ダイビング雑誌に求人広告を出すと、ちゃんと応募がくるらしい。準移住者のニーズを的確に突いたリクルーティングである。「趣味と実益を兼ねて」という古典的なフレーズが思い浮かぶが、実はけっこう過酷な実態があった。宮古島一流の宴席ルールのようなものらしいが、「オトーリ」というイッキの回し飲みにギャルたちも付き合わされるのだ。これが二巡、三巡となると、少々強くたってひとたまりもない。翌朝は吐き気と頭痛で起き上がれない。ダイビングどころではない。そして、一カ月もすると慢性的二日酔いと疲労で離島と相成る……。

別の文献だが、ずぶずぶにハマった移住者の暮らしぶりも見ておこうか。

第一章でも触れた『ハイサイ沖縄読本』（一九九三）というガイドブックには、独身男性移住希望者の「夢」を描いたような記事が載っている。


ワン・ベッドルーム。家賃4万円のアメリカ住宅。築30年は少し古いが、80平米はひとり暮らしには十分すぎる。那覇もコザにも25分というロケーションも気に入っている。（中略）去年までエアコンは付いていなかったが、防衛施設庁の基地周辺整備費のおかげで、今年は快適な夏が送れそうだ。

「そろそろ仕事しないと」

琉球銀行の通帳を睨みながら、少しだけマジになる。求人誌にはロクな仕事がない。ちょっと条件がいいと、本土企業の季節工募集だったり、人使いの荒い水商売やドハデなナイチャー相手のリゾートの求人だったりするのだ。やっぱり国場組の孫請けに頼み込んで、土地改良事業かゴルフ場造成の現場かな。二か月も働けばけっこう稼げる。よーし、涼しくなったら稼ぐぞ。


この後、男性はオンボロのクルマで真栄田《まえだ》岬へ向かい、基地の友人たちと合流。ひとしきり遊んで帰宅し、仮眠をとってから夜の街へ出ていく。首里、泡瀬、北谷《ちゃたん》、辻と明け方まで飲み歩く……。フィクションとはいうもののどこか生々しい。一九八〇年代の本土を席捲したバブル景気の、「夢」の延長戦が続いているような気色の悪さもある。

この記事を書いたのはいったい誰なのだろう？　そう思って執筆者一覧を見ると、本土の編者以外はどうやら沖縄の若手勢であるらしい。件の記事に署名はないので特定はできないが、可能性は二つある。一つは本土の編者が自身の体験に基づいて書いた、もう一つは沖縄人のライターが見聞した独身移住者の放埒を戯画的に書いたという二つである。私は、ディテールの所々に込められた軽いアイロニーを理由に後者を採る。ブームの波に乗ってやってきたナイチャーの中は、どうにも我慢のならない不届き者も混じっていたのだろう。

オーナーという人々

当時も今も、移住者の憧れの的である「オーナー」の座は、めったに手に入るものではないだろうし、そのポジションを継続するのはさらに困難なことに違いない。

私の知る範囲では、本島南部に移住し、ご夫婦でカフェを開いたが三年目で撤退したという方がいる。理由は商売の拙さでしたとおっしゃる。こんなやりとりだった。

開店から一年ほど経っても、お客さんはめったに来なかったな。海沿いの幹線道路から少し入った場所だったから、地の利もよくなかったんでしょう。それに当時は、一種のカフェブームで、本島でも離島でもどんどん店が増え始めてました。だから、初めの頃の物珍しさでやれる時代ではなくなっていたんでしょう。

インターネットが普及してきて、集客にはけっこう効果あるよという方もいましたけど、私も家内もそっちの方は全然ダメで、手が打てませんでした。メニューも、これっていう目玉がなかったのがいけなかったのかな。あ、それからちょうどリーマンショックにぶつかって、あれも運が悪かった。丸二年頑張りましたが、どうもいい方へ転がりそうもないし、貯金の取り崩しも危ないところまできていたもんで、家内と相談して、今のうちに引揚げようと、そう決めたんですよ。

飲食店の経営がそんなに簡単なものではないことは、この方たちもよくご存知だったはずだ。でも、その「常識」が頭の中から消えていたのは、彼らが相当な沖縄ジャンキーだったせいらしい。夫婦で年四回ほどのペースで通っているうちに、「ここなら何とかやっていける」という、あまり根拠のない思い込みが生まれたという。

その後、沖縄には行っているんですかと尋ねると、「ときどきね」と笑って答えてくれたのでほっとした。ただ、あまり詳しい話は聞けなかった。できれば、これぐらいにしてくれませんかとも言われた。とっくに気持ちの整理はついているんですけどね、と笑いながら席を立った。

沖縄のカフェについては、幸い近藤安由美の論文に出会って、いくつかの重要な示唆を得ることができた。

石垣港

二〇〇九年に自ら石垣島の七軒のカフェを調査して書いたもので、店舗と経営者のプロフィールが記されており、オーナーの略歴がことさらに興味深かった。

七軒のカフェの開店は一九九七年から二〇〇九年。オーナーの内訳は男性四人、女性四人（一軒は男女二名の共同オーナー）。年齢は三十歳から五十六歳とばらつきがあるが、大半は会社勤めを辞めてから沖縄を含め全国を数年にわたって旅し、それぞれの土地で短期の仕事に就きながら石垣島にたどり着いている。仕事の内容も多岐にわたり、飲食業の現場でカフェのノウハウを積んだ人もいる。つまり、これぐらいの遍歴を経て初めてオーナーへの道は開けるものであることが分かる。

また彼らのコメントに、異口同音ながら地域への貢献や住民との協調が含まれていることも興味深い。この方面のビジネスは、観光客の方へ顔を向けるだけでは、早晩立ち行かなくなるのだろう。たどり着いた土地（共同体）に根付く努力なしに移住の成功はありえない。食材などの調達では地域の生産者にかかわらざるをえないし、オーナー自身もその家族も地域の生活者としての役割を果たさなければならないからだ。

近藤の聞き取り調査には、夫とカフェを開いて十二年目になる女性（Bさん）の言葉が記載されている。彼女のポリシーは「地元でとれたものを地元で、私たちのアレンジで出すというやり方」で、そうすることで「（お金を）ここでまわしたい」と語る。

そんなBさんが、地域に溶け込む難しさを毎朝行う店の周辺の掃除を引き合いに出してこう語っている。

お店やってると、やっぱりすごく、なんだろう、多分見られてる。周りの、地元の人に。で、2、3年であの、よし認めてやろうなんてそんな早い話じゃない。例えば毎日そこの外を掃くんですけど、竹の、竹箒で。そういうのも見てるけど、どっかで見てるんだ、多分。だけど褒めたりはしないんですよ、地元の人は。（中略）もう本当に10年やって、うん、初めてこう、本心を見せてくれたり、うん、「いつも掃除ありがとね」って言ってくれたりとか、そういうのってやっぱりすごく、長い、ね、長い間、うーんと、見てるし、こっちも続けていかないと、認められないって言ったら変だけど、打ち解けないのかなーって思う。
（近藤安由美『変わりゆく沖縄の離島のアイデンティティ――移住者の営むカフェが担う役割』、二〇〇九）

Bさんは地域の祭りに惹かれるようになったことも語り、近藤に、「自分もいつかそれに入りたい」と気持ちを打ち明けていた。それから十三年、順調に店が続いているなら、もう四半世紀になる。彼女はもう祭りの仲間に入れてもらえたのだろうか。

もう一人、名前を挙げて紹介したいカフェオーナーがいる。三枝克之《みえだかつゆき》。本島の宜野湾《ぎのわん》市で「CAFÉ UNIZON」を経営している。三枝は『琉球新報』で映画評を書いたり、自身で本を書いたりする人物だから、厳密には「無名」ではないが、二〇〇五年に同地で開業した時点では、彼を知る人はほとんどいなかったはずだ。

二〇〇三年に京都から移住した三枝は、二年間の「専業主夫生活」を経て、編集者・文筆家として活動を再開する。事務所用の物件を宜野湾のでいご通り（現ヒルズ通り）で探していたとき、とあるビルの一室に出会う。事務所としては広すぎるスペースだったが、三枝に閃くものがあった。「その時に『ここはカフェになりたがっている』と感じた」と彼は述べている（CAFÉ UNIZONホームページ）。以来十七年、沖縄カフェブームの時期に生まれたこの店は、人気店の一つとして続いている。一階のフロアはしゃれた生活雑貨のショップ、二階のカフェは窓際からキャンプ瑞慶覧《ずけらん》（キャンプ・フォスター）が一望できる。

実は私がこの人物を知ったのは、『FUTENMA360°』（二〇一〇）という一冊の本を通してだった。二〇〇三年に来沖したラムズフェルド国防長官が「世界一危険な基地」と語ったといわれる米軍普天間基地。宜野湾市は、この海兵隊の飛行場をぐるりとドーナツ状に取り巻く市街地で構成された円環都市である。

『FUTENMA360°』は、〝基地の街〟以外の「顔」が見えにくい宜野湾市の多様な要素を伝えるためのブランドブックというものらしい。不思議な街の構造を体感してもらおうと、現実の街をデフォルメして完全円環都市「フティーマ」という〝半空想都市〟の絵地図を描き、点在する推奨スポットを紹介している。「フティーマ」とは、米兵たちによるこの街の愛称のようだ。〝異人〟として沖縄にやってきた編集者は、自身が生活し労働する街を自らの手で再編集し、居心地のいい第二の地元に見立て直している。

「CAFÉ UNIZON」のウェブサイトには、さまざまなイベントやライブ、ワークショップ、さらに社会活動を行っていることも記されている。これもオーナーが考える第二の地元への貢献活動なのだろう。

石垣島のBさんと宜野湾の三枝の共通点は、地域との関係づくりに手間を惜しまないところだ。きっとこの人たちは、自身の熱い妄想（沖縄愛）を適度にコントロールしながら、自身の個性や技術をつどの具体的なチャンスやテーマへ差し出すことを厭わない。オーナーであるためには、そんな非凡さは不可欠なのだろう。

移住者への眼差し

では、沖縄の人々は移住者をどのように見ていたのだろうか。

沖縄の日常生活の小さな光景を集めた『事典版　おきなわキーワードコラムブック』（一九八九）という書物がある。第九章で詳しく紹介するが、ここでは翌年刊行された姉妹編の『日記版』に記載された、移住者に関するやや辛口の項目を覗いてみたい。

その一つ「八月十二日　沖縄植民者とは……」は、「経済植民者」と「文化植民者」の二種類を挙げ、前者は新しいシステムやノウハウを持ち込んでカネを本土に流す連中だと定義している。後者はもっとタチが悪く、自分が植民者であることも自覚していないから、沖縄を本土と比較して欠点をあげつらうことが使命だと任じている。その言葉の「一つ一つが、植民地にいる地元の人間たちに向けた一個一個の銃弾であることに、彼らは気付いていない」と厳しい（『日記版　おきなわキーワードコラムブック vol. 2』、一九九〇）。

おそらくこうした認識と感情は、沖縄の人々にごく自然に浸透しているのではないか。ナイチャーという言葉に込められた侮蔑的なニュアンスは、私のような観光客でも十分察知可能だし、その手のエモーショナルな被害は、移住者が書いたものにほぼ必ず出てくる。

書き手として「沖縄ブーム」に一役も二役も買った仲村清司は、一九九六年に沖縄へ移住した大阪生まれの沖縄二世である。初めは〝沖縄のゆるい楽しさ〟を紹介する文章を書いていたが、次第に沖縄が抱える困難や課題を採り上げるようになっていった。うがった見方かもしれないが、この変化は沖縄人の根深いシマーナイチャーへの不信感にも相関しているように感じる。サブカルっぽい筆致で島の文化を稿料や印税に変える仲村（「沖縄植民者」）の売れっ子ぶりへの風当たりは、次第に強くなっていったのだろうか。

二〇一六年に刊行された『消えゆく沖縄——移住生活20年の光と影』は、この間の沖縄の変貌が良きものを喪失する過程だったことを述べつつ、未来への希望を語っているが、私には書き手の疲労感が痛々しかった。この本を出した後、仲村は沖縄から京都へ移ったようだ。

藤井誠二のインタビューでは、自身の持論として「沖縄を表層で語ると叱られるし、深入りすると火傷する」（「作家・仲村清司は新刊『消えゆく沖縄——移住生活20年の光と影』をなぜ書いたのか」、二〇一六）と述べ、「好意と嫌悪を同時に持つアンビヴァレンツな感情が一個の人間にも島全体にもある」（同前）ことに、今さらながら気付かされたと語っている。仲村の低く構えた姿勢は、沖縄のローカルカルチャーを見つめる貴重な視線を生み出し、沖縄にもファンは少なくなかったはずである。ブームの終わった沖縄は、いつの間にか移住者の住みにくい沖縄になったのかもしれない。たぶんこの変化がはっきり目に見えるようになったのは、民主党が政権の座から滑り落ち、二度目の安倍政権が誕生した頃のことである。

前後して著名な移住者たちも沖縄を去った。

池澤夏樹は、移住から十年後の二〇〇四年に沖縄を離れ、翌年にはフランス、パリ郊外のフォンテーヌブローへ向かった。宮本亜門も南城市玉城の自邸を売却し、二〇一八年に沖縄を離れていった。二人は「離沖」の理由を明確には述べていない。池澤は自身の一家がもともと「動く人々」であるからと言い、宮本は「年齢の問題」と語った。

池澤は那覇から知念に移り住んだとき、久高島の見える家をつくったことを書いていた。

「一世一代の贅沢のつもりで、島を見るための部屋を造った。電気も引かず、家具を置かず、ただ島を眺めてものを思う。春分と秋分の頃には島から日が昇る。月の出もまた美しい」（「島影を追う」、二〇〇四、前掲『沖縄への短い帰還』所収)。ところが五年後、島影は失われる。目の前に家が建ったのだ。島を見るために家をつくった施主はこう呟く。

「そろそろ島を出なさいと神々が言っているのかとも思う」(同前)と。

当たり前のことだが、「移住者」とは、どこかへ移るまでそこに住み続ける者のことだ。私の感覚に過ぎないが、沖縄は来る者を拒まず、去る者は追わない。そして去る者にその理由を聞くこともないように感じる。それは沖縄の人々が訪問者を温かくもてなしながら、どこかに立ち入れない一線を引いているのと同じように、彼らの不変の流儀なのかもしれない。

往年の移住者が島を去っていく頃、「沖縄ブーム」の終わりも始まっていた。

第二部

「復帰」の前後、夢の後先

平安座島

第四章　「反復帰」の思想

みんなおんなじ夢を見た？

石垣島出身のバンド、ＢＥＧＩＮの歌に「オジー自慢のオリオンビール」というのがある。沖縄でシェアナンバーワンのオリオンドラフトビールのＣＭソングで、アルバム『ビギンの島唄〜オモトタケオ２〜』（二〇〇二）に収められている。数あるビールのＣＭソングの中で、文句なく傑作と呼ぶべき作品だと思う。沖縄では、子どもから老人まで誰もが歌えるらしい。

歌詞の内容は、「島」とつくものならなんでも（「酒にマース〔塩〕にぞうりまで」）好きな若者と「オジー」の対話のように構成されている。若者は明日の甲子園の準々決勝を前に、今夜から那覇のビアガーデンに繰り出すんだと張り切っている。彼はどんな映画よりオジーと話す方が楽しいとも言う。ただ、不景気でどうにもならないから、内地へ出稼ぎに行こうかとつい愚痴る。

するとオジーはこう叱る。金がないなら海へ行け。魚が取れれば生きていける。「なんくるないさ（なんとかなるさ）やってみれ」と。多分、これは復帰前を知る世代と復帰後しか知らない世代の気のおけないダイアローグなのだろう。

「三ツ星かざして高々と ビールに託したウチナーの 夢と飲むから美味しいさ」という軽快なサビの後、メインヴォーカルの比嘉栄昇は、声を落としてこう歌う。

戦後復帰を迎えた頃は
みんなおんなじ夢を見た
夢は色々ある方が良い
夢の数だけあっり乾杯

さらりと歌われるこの歌詞に込められたのは、復帰運動の熱気と画一性への違和感なのだろうか。BEGINの三人は一九六八年生まれで、復帰運動を覚えていないはずだから、家族や年長者から当時の世情を聞かされたのかもしれない。

人々が一丸となって復帰運動へ打ち込む様子は、後の世代から見れば「おんなじ夢」を見ているように感じられたのだろうが、ことはそんなに単純なものだったのだろうか？

「復帰」という観念が現れたのは敗戦後の一九四〇年代後半というが、以来五〇年代と六〇年代を通して「復帰」の意味する内容は時代環境と共に変化を遂げていった。一九五〇年代の反米・反基地の「島ぐるみ闘争」は、苛烈な米軍の弾圧に遭って、最低限の権利を獲得したいと願い、それゆえ、「平和と民主主義」の憲法を擁する本土日本との一体化を求めたという。

ただ一方で、「構造的沖縄差別」（対米従属的関係の矛盾を沖縄へしわ寄せする仕組み）に無自覚な本土への苛立ちは深まるばかりだったし、ベトナム戦争下には「祖国復帰」から「反戦復帰」への傾斜も生まれていった。さらに反戦への傾きは、アメリカの世界戦略に同調し、その巧みな手立てとして「復帰」を仕組んだ日本国家への反感も生み出していった。

復帰運動は戦後沖縄の最大の大衆運動であり、だからこそ、そこから多様な思想的試みが生成される、大きな坩堝《るつぼ》のようなものになったのだろう。画一的な運動ではなかった。「おんなじ夢」にはつぶさに観察するとさまざまな色合いがあった。

ＢＥＧＩＮやその後の世代が、復帰後の沖縄に「夢は色々ある」と感じるなら、その多様性の母体は復帰運動の坩堝だったのではないか。さらに私は、復帰後から八〇年代にかけて芽吹き、九〇年代の「沖縄ブーム」を内部から押し上げたカルチュラルパワーの淵源もそこにあるように感じている。

ヤポネシアと南島論

もっとも、復帰当時の私が、沖縄の思想動向について何かを理解していたわけではない。復帰後も沖縄は遠いままだったし、一九五〇年代以来の復帰運動についても、ほとんど無知だった。

例外的に読み齧っていたのは、（私の同世代の多くがそうであるように）吉本隆明の一連の「南島論」、またそこで知った島尾敏雄の「ヤポネシア」関連の文章ぐらいだった。両者が与えた影響が、本土のみならず沖縄でもきわめて大きかったことはずっと後で知った。

「南島論」は、吉本の他の著作よりも分かりやすく、かつ刺激的だった。著書『情況』（一九七〇）に収録された「異族の論理」は忘れられない論稿である。伊波普猷《いはふゆう》をはじめとする沖縄の研究者たちのセンスや時間感覚をこっぴどく批判した後、「琉球・沖縄の存在理由を、弥生式文化以前の縄文的、あるいはそれ以前の古層をあらゆる意味で保存しているというところ」に求め、「そしてこれが可能なことが立証されれば、弥生式文化＝稲作農耕社会＝その支配者としての天皇（制）勢力＝その支配する〈国家〉としての統一部族国家、といった本土の天皇制国家の優位性を誇示するのに役立ってきた連鎖的な等式を、寸断することができる」と書いていた。

沖縄は凄いんだと私を含めた本土の読者は思ったし、おそらく沖縄側にも同様の感慨があったことだろう。さらに吉本は沖縄に向かって、「本土中心の国家の歴史を覆滅するだけの起爆力と伝統を抱え込んでいながら、それをみずから発掘しようともしないで、たんに辺境の一つの県として本土に復帰しようなどとかんがえるのは、このうえもない愚行としかおもえない」（同前）と叱咤していた。

島尾敏雄の方は、小説こそいくつか読んでいたが、「ヤポネシア」は知らなかった。記憶が定かではないが、年譜によれば講談社版の『琉球弧の視点から』（一九六九）は書店にあったはずだから、これを買い求めたのかもしれない。

島尾は、奄美のことを知るためにはこの地帯だけを見ていてはだめで、「トカラ列島や大隅、薩摩との比較ができなければいけないでしょうし、またもういっそう濃い関係において沖縄、宮古、八重山のことが分らないと、滑稽なことになりそうです。そしてまたさらに頭の中に常に太平洋を考えていないと、袋小路にはいりこんでしまいそうです」と書いている（『新編・琉球弧の視点から』、一九九二）。後に「ヤポネシア」は、千島弧・本州弧・琉球弧の連なりを、ポリネシア・ミクロネシア・メラネシアなど太平洋上の島嶼群と連関させて考えるという構想として定義されたが、その発端には引用した言葉のように、島尾自身が自らの「袋小路」から抜け出したいという想念のもとに案出したイメージだったようだ。

だからそのイメージは沖縄の若い知識層に熱く受け入れられたのだろう。そうか、沖縄が眼差しを向けるべきは本土や東京ではないのだ。「ヤポネシア」に視野を広げれば、沖縄は日本列島の尻尾などではなく、大海へ開かれた精神の拠点の位置を取り戻せる……。反復帰論の論客、新川明は「ヤポネシア」について、「深い衝動にからだの内側から強くつき動かされてしまうのをどうすることもできない」（『反国家の兇区』、一九七一）と書き、立場を同じくしていた川満信一は「限りなく美しいポエムを喚起し、イメージを解き放ってくれる」(『沖縄・自立と共生の思想』、一九八七)と記した。戦後の沖縄・本土間で、もっとも共感度の高い思想的交流がここにはあったようだ。

復帰運動のいきさつ

では、ここで一九五〇年代へ時計の針を戻そう。

復帰運動が全島へ広がったのは、米軍用地の強制接収(〝銃剣とブルドーザー〟)が始まった頃だ。一九五三年には土地収用令、五四年には軍用地料の一括払いが発表された。後者は実質的な土地買い上げであり、沖縄側の大きな反発を招く。対応を迫られたアメリカ側は、M・プライスを委員長とする調査団を派遣し、一九五六年には勧告書を議会に提出した。

このプライス勧告の内容は沖縄の人々に大きな衝撃を与えた。沖縄の基地を制約なき核付きの戦略基地と位置付け、アジアの紛争地域への介入や親米政権の救援を行う役割を課し、軍用地政策を含む米軍支配を正当化するものだったからだ。抗議の波は沖縄全土を覆った。全島の住民大会には数十万人が参加し、那覇の大会には一〇万人、コザ(現・沖縄市)の大会には五万人が詰めかけたという。「島ぐるみ闘争」の始まりだった。

復帰運動が熱を帯びたのは、まず素朴な「祖国」「母国」への帰属願望があったからだが、米軍の暴圧に対抗しうる「平和憲法を持つ民主国家」への期待も急速に大きくなっていったことはすでに述べた。

こうした土地闘争の高揚や「祖国/母国」への想いを受け、復帰運動の中核的組織として、一九六〇年四月に沖縄県祖国復帰協議会(復帰協)が結成される。教職員会・官公労・沖縄県青年団協議会の三団体が世話役団体となり、沖縄自民党を除く革新三政党、主要民主団体、PTA連合会や遺族連合会までを含む幅広い組織であり、一九六〇年代半ばまで沖縄革新運動の基幹組織の役割を果たした。

しかし、実はこの頃から復帰運動自体の求心力は少しずつ減衰し始めていたようだ。

その要因の一つは、本土側の〝肩すかし〟によって「祖国」への思い入れが冷まされたことだろう。例えば一九五八年に始まる日米安保改定交渉では、共同防衛地域に沖縄・小笠原を含める構想が語られたが、日本社会党や自民党の一部は〝火中の栗を拾う〟（戦争に巻き込まれる）怖れを指摘して反対した。透かしてみれば、この態度には、明らかに本土防衛を理由に沖縄戦を強いた狡猾さに類するものがあった（結局、共同防衛地域に沖縄は含まれなかった）。

また六〇年安保闘争を闘った本土の革新勢力も、沖縄に対する理解はきわめて浅かった。一九五九年から六〇年にかけて、沖縄ではナイキ・ハーキュリーズ（高高度地対空ミサイル）など新しい兵器の演習や、米下院でのメースB（核弾頭搭載可能な中距離弾道ミサイル）の基地建設承認など新安保に直結する動きがあったものの、本土の安保闘争ではまったく採り上げられなかった。そうして一九六〇年五月十九日の強行採決以後の大衆的高揚は、新安保条約の内容よりも岸首相を糾弾する戦後民主主義（幻想）防衛闘争へ急変した。この本土中心の（エゴイスティックとさえ見える）心理は沖縄が共有できるものではなかっただろう。

さらに、安保条約に連動して沖縄への基地のしわ寄せが進んだ。一九五二年の安保条約成立から六〇年の改定までに、本土の米軍基地は四分の一に減少したが、沖縄の米軍基地は約二倍に増えた。また改定の前後には、キャンプ・シュワブ、キャンプ・ハンセン、北部訓練場など本島北部の海兵隊基地が建設された。これらの結果として一九六〇年代の沖縄には、本土とほぼ同じ規模の基地が存在するようになった。日本全土の〇・六％しかない沖縄に、本土と同じ規模の基地が集中するという異様な事態が出現したのである。

このような差別と無視と不公平が復帰運動に水を差したのは当然だった。運動の眼目の一つだった「民族主義の昂揚」（一体感の醸成）には隙間風が吹くようになり、運動にかかわる人々の内面では、本土への期待と反発が矛盾のまま大きくなっていった。

復帰運動の内面と葛藤

残念ながら、私を含め本土で一九六〇年代を送った人間には、復帰運動の高揚感やその逆の失望感をリアルに感じ取ることができない。ここでは、文献を頼りに、個人の内面を伝える言葉を拾ってみよう。

『新沖縄文学』などを舞台に、「反復帰」を主張していた新川明は、著書『反国家の兇区』の中で、六〇年安保の頃に書いた自身の詩「日本が見える」を引用している。沖縄本島最北端の辺土《へど》岬、つまり本土にもっとも近い場所に立って日本を想う心情を綴った、こんな詩である。

日本よ
祖国よ
そこまできている日本は
ぼくらの叫びに
無頼の顔をそむけ
沖縄の海

日本の海
それを区切る
北緯二七度線は
波に溶け
ジャックナイフのように
ぼくらの心に
切りつけてくる。

（前掲書）

新川は、かつて復帰運動を沖縄と沖縄人の解放に向けた避けえない闘いと信じた。日米の沖縄分断支配が、両国の帝国主義的な軍事・経済戦略に資するなら、復帰思想はこれを内側から脅かす戦闘性を持ちうると考えたからである。

しかし、本土の現実を知るに及んで、〝ユートピア日本〟は消滅し、母なる国へ寄せる気持ちも崩れていった。それでもなお、復帰運動は闘い足りうるという信念は生き続けたから、詩にはその相克する思いが表出せざるをえなかったという。

「そこまできている日本は／ぼくらの叫びに／無頼の顔をそむけ」という詩句は、一方で安保の本質にかかわる沖縄問題を視野に入れない日本の民主・革新勢力に不信を投げつけながら、もう一方で「いかにも甘ったれて『祖国』にもたれかかる形でしかその拒絶感を表白し得なかった」（前掲書）自身の弱さを露呈していた、と新川は書いている。ここには、復帰運動に深くかかわった人間の懊悩が滲み出している。

さらにこの詩を復帰運動のレポートに見出したときの「とまどいと奇妙な違和感」にも言及してい

る。レポートを書き、詩を引用したのは、本土の熱心な活動家だった。沖縄の運動を純粋な気持ちで見つめ、本土と沖縄の連帯を信じる善意に満ちた文章だっただけに、新川は「この詩に塗りこめたつもりの、屈折した心情を読み取ってもらえないことに苛立ちを覚えた」。その「ナショナリズムに支えられた純粋さ」（前掲書）がやり切れなかったのだという。

一九三一年生まれの新川より八歳下の中屋幸吉にもこれに近い感情の揺曳がある。二人は世代を異にしながら、同時代の状況と運動に身を置いていた。ただ、一九六〇年代にはすでにジャーナリズムの世界に居場所があった新川と比べると、一左翼活動家だった（同人誌や大学新聞に詩や批評を書いてはいたが）中屋には、まだ身を置く場所さえなかったように見える。ゆえにその「感じ方」は、もっと繊細であり内向的であり未分化であったようだ。でも、彼の書き残した言葉には——本土の私から見てということわりが必要だが——沖縄の青年が抱え込む焦慮の普遍的なかたち、またはその原型のようなものがあると思える。

例えば、一九六四年九月、東京オリンピックを前に「聖火の沖縄入り」に触れた文章がある。実は聖火は本土に先駆けて沖縄へやってきたから、人々は熱烈に歓迎した。聖火ランナーが走り抜ける沿道には大勢が詰め掛け、日の丸の小旗を振った。

テレビでこの光景を見ていた中屋はこう書く。

聖火は、ひどく緊張して重々しい表情の走者によって本島を一周する。「今、本島を走っている聖火は、わが祖国—日本本土にひきつがれていくのだぞ、いいか、本土にいくんだぞ。しっかり歓迎するんだ。そら両手に歓迎旗をにぎりしめて、高々とふるんだ。しっかりふるんだ」ということで、沿道を埋めつくし、旗なきものは袖をふり、袖なきものは胴をふり、ふってふって、ふりまくり、あやうく、自分の精神までふるいおとしかねない透明で単純な顔のむれ、むれ！
（『名前よ立って歩け』、一九七二）

かつて中屋は、祖国復帰沖縄県民大会（一九六一年四月二十八日）に臨んで、「小さな島の／北から南から／自由を求める者が／町から　村から／祖国復帰を希う者が／ぞくぞく――／ぞくぞく――／あっちから、こっちから／わんさと／集ってきた」（同前）と書いた。その彼が「祖国」に幻滅したのは、短い東京滞在で「必要以上に、犯罪的に存在している群衆」を目の当たりにしたからだ。本土から戻った年の翌年、自殺未遂に及んだ中屋にとって、東京オリンピックは「祖国」がその禍々しさに化粧を施す儀式のように見えていたのかもしれない。そして、その「祖国」に向かって旗を振る人々は、まるで「精神までふるいおとしかねない」熱狂に駆り立てられているようだった。

一九六六年六月、大学を卒業した中屋は、コザ郊外の知花城址で自ら命を絶った。

新川や中屋のような鋭敏な精神が抱え込んだ苛立ちは、一九六五年以後、日米間の返還交渉が始まり、「復帰」がみるみるうちに政治的スケジュールに組み込まれていく中で、広い層へ拡散しながら増幅していく。それと同時に「祖国」は輝きを失い、復帰運動は動員力を失う。代わりにあちこちから聞こえてきたのは、復帰への疑念であり、「反復帰」の主張だったのだろう。「祖国」を目指す復帰運動は当初の役割を終え、運動の中にはさまざまな思想や志向が生まれてくる。坩堝としての復帰運動への変貌である。

新川やその同志というべき川満信一、岡本恵徳《けいとく》たちが起こした「反復帰」は坩堝の中心にあって、さまざまな発想や思考を攪拌し、刺激し、拡大した。そこへ立ち入る前に、まずは「返還」の舞台進行とシナリオを簡単に整理しておこう。

我々は何なんだ？

ゆるぎなく見えたアメリカの沖縄支配が綻びを見せたのは、ベトナム戦争の敗色が濃くなった一九六〇年代後半のことである。軍事的劣勢に加えて、ドルの流出が財政の悪化を招き、さらに本国を筆頭に世界的な反戦運動が巻き起こり、超大国の威信は失墜した。

ベトナム戦争はアメリカに改めて沖縄の戦略的重要性を認識させたものの、それを安定的に維持する方法は再考すべき時期に差し掛かっていた。この頃、沖縄返還の要求が日本側から持ち上がったのは、もちろん偶然のことではないだろう。また、一九六〇年代に経済的な急成長を果たした日本に対し、アメリカが「返還」に見合う相応の〝支払い〟を求めるのも必然だった。日米の思惑は基本的にベクトルを共有していた。

一九六七年十一月に行われた第二回佐藤・ジョンソン会談は、中国の脅威を基本認識に据え、アメリカのベトナム政策支持、日米安保堅持、沖縄米軍基地の重要性の再認識、日本による東南アジア援助拡大を合意した上で、沖縄施政権の返還を行うことを共同声明として発表した。これはすなわち、沖縄返還を安保体制強化策の基軸に位置付けることを意味していた。

ところがこの時点まで、日米両政府の隠された目論見は、沖縄でも本土でも十分につかみ取られていなかった。その真意をようやく察知して、復帰運動の中から新たに出てきたのが、「即時無条件全面返還」というスローガンだった。しかし、膨張した復帰運動を急激に転換させるのは困難だった。

そうした困惑の中、一九六八年十一月に嘉手納空軍基地でＢ52が離陸に失敗し、墜落・炎上した。

これに衝撃を受けて結成された「いのちを守る県民共闘」は「B52撤去」を掲げ、反基地闘争を軸に再び運動の高揚を図った。翌年二月四日に設定されたゼネストは、その天王山と位置付けられた。

しかし2・4ゼネストは、日本政府の切り崩し、反戦派の台頭に怯える総評・同盟の逡巡、屋良〝革新〟県知事の懐柔によって流産させられた。ゼネストが中止されたこの日、県民共闘は県労協を欠いたまま、雨の嘉手納グラウンドに四万五〇〇〇人を結集させたが、復帰運動の終焉はもはや明らかだった。

日本政府はゼネスト回避に自信を得て、「一九七二年・核抜き・本土並み」を基本方針に、一九六九年十一月、佐藤首相をアメリカへ送り込んだ。返還交渉は仕上げの段階に入った。

2・4ゼネストの挫折は、(立場の違いはあれ)復帰運動にかかわった人々に深刻な総括を迫った。問われるべき一つは復帰思想が日米両国家に逆手を取られて空洞化したこと、もう一つは国家権力の弾圧よりも〝身内〟であるはずの革新県政や本土労組のナショナルセンターが昂揚を潰しにかかったことである。

〝復帰とは何だったのか、復帰運動とは何だったのか?〟多くの組織的総括が書かれ、一人ひとりが自身に問いかけるように運動を振り返った。

こうした動きには、本土に住む沖縄の若者たちも敏感に反応した。大学生や労働者など個々人の立場はさまざまだったが、「在日沖縄人」(本土に住む沖縄人)という自身の二重性は、既存の〝本土の沖縄闘争〟とは異なるもう一つの闘争を構想させたのだろう。

一九七〇年二月に東京で生まれた沖縄青年委員会(沖青委)は、そうした使命を帯びた小さなグループだった。すでに活動していた「沖縄問題研究会」のメンバーと、東京狛江市にある沖縄出身者の学生寮、南灯寮の寮生たちが合流した二十名ほどの集団には、新左翼系活動家も含まれていたが、多くは党派に属さない若者たちだった。

沖縄問題研究会、沖青委、後に沖青委から別れる沖縄青年同盟（沖青同）で中心的なメンバーだった仲里効《なかざといさお》は、インタビューでこんな発言をしている。

まず、「我々は何なんだ」っていうね。沖縄から東京に出てきて、「我々は何なんだ」と。沖縄では復帰運動というか、日本を非常に憧れの対象として、日本に同化していくというかね、そういった復帰運動の思想や論理というものの嘘っぽさというか、そういうものがはっきりするわけだ。（中略）それで、「沖縄とは何なんだ」、「我々は何なんだ」ということを考えざるを得ないわけで。（中略）だから、復帰運動の［前提としてきた］あり方、主体のあり方ではない、「もう一つの別な沖縄のあり方というか、沖縄の主体のあり方があるんじゃないか」という、最初は、そういった疑問から始まっていった。

（大野光明『沖縄闘争の時代 1960/70』、二〇一四）

仲里の言葉には、「沖縄」や「我々」は何なのかという存在論的な自問がある。これは新川明や中屋幸吉が喉の奥に潜ませながら、ついに発声しなかったものだ。

二人と比べると、仲里の発言には異なるニュアンスがある。「祖国」とは復帰を利用しようとする狡猾な国家であるとすれば、「復帰運動が国家の論理を補完していく」（前掲書）光景さえ見えてくる。この底が抜けるような認識に立てば、「もう一つの別な沖縄の（主体の）あり方」を求める意識も生まれる。自明のものとされていた「復帰」の意味をそっくり問い返すような総括が生まれたのだ。

沖青委は、後に闘争方針の対立を通して「海邦派」と中核派系に分裂した。「沖縄自立・解放」を唱える「海邦派」は、一九七一年十月十六日に「沖縄青年同盟」（沖青同）に名称を変更。三日後に、沖縄返還協定と関連国内法案を審議する「沖縄国会」で、三人の行動隊が佐藤首相の所信表明演説の最中に爆竹を鳴らし、「沖縄返還協定粉砕！」と叫んで、同じ文言の垂れ幕を振りかざした。事件後に発表されたビラ「全ての在日沖縄人は団結して決起せよ」は、「日本が沖縄を裁くことはできない」と主張し、国会で返還協定を審議すること自体への拒否を述べていた。

倒立した自立思想

復帰前後の沖縄では、「坩堝」の中で何が起きていたのだろう。復帰運動の可能性に触れた鹿野政直の言葉を拠り所に考えてみたい。

鹿野は、明治政府による琉球処分以後を「沖縄の人々が『国民』へと連行されていった時代」とした上で、米軍占領下の戦後昭和期を「沖縄の人びとがみずから『国民』であることを求めていった時代」と呼んで、さらにこう述べている。

「それは、一つの落し穴へのめりこんでいった思想といえるかもしれません。とともに、そこに発揮された主体性・能動性ゆえに、自立への芽を内在させていたということができます。つまり、倒立した自立思想とでもいうべきものでした」（『沖縄の戦後思想を考える』、二〇一一）。

やや分かりにくい言い回しだが、「日本国民」でありたいと強烈に願う自分を鏡に映すことによって、我が身を一個の主体として見る自覚が生まれたということだろうか。

また鹿野は続けて、沖縄の人々が復帰をめぐる日米の思惑と駆け引きに翻弄され、「『国民』であることの落し穴に落ちたという痛恨を抱えたために、『国民』であることを対象化する思想を打ちだそう」（前掲書）としたのだと分析する。つまり、「核抜き本土並み」に象徴される虚偽のスローガンに騙されたと知ったとき、人々は日本を「祖国」ではなく、禍々しい他者として再認識し、その他者に対峙する可能性を発見した、ということだろう。

復帰を転換点として、「倒立した自立思想」はいくつかのテーマへ流れ出していく。

鹿野は、大きく「三つの塊」を挙げている。

第一は、「日本を問い返す」、第二は「反復帰の思想」、第三は「根としての沖縄の意識化」。「日本を問い返す」人物としては、「カクテル・パーティー」で沖縄初の芥川賞作家となった大城立裕《おおしろたつひろ》と人文・社会科学者で後に県知事を務めることになる大田昌秀。「反復帰の思想」の代表的人物は、沖縄タイムスの記者であり、雑誌『新沖縄文学』の編集にもあたった新川明と川満信一。「根としての沖縄の意識化」はさらに（一）歴史を掘る、（二）思想としての沖縄を立てる、（三）「文化と思想の総合誌」ができる、（四）現代史の探究が始まる、（五）沖縄を取り戻す、というサブテーマを立てて、「沖縄とは何かの探究」の多様性を示している。

ここでは、「復帰」に対してもっとも先鋭な立場を取った「反復帰論」に絞り、彼らの問題意識が沖縄文化の捉え直しへ向かってより深まっていく様子を紹介してみたい。

それは、「反復帰」の視点が、それまで「祖国」「母国」と見なしていた日本を一個の異質な他者と見る意識を促したこと、さらに改めて沖縄の歴史と文化に向き合い、沖縄を〝未知の部分を残す自己〟として捉え直そうとする動向につながっていったと思えるからだ。加えてこの流れは、茫然自失した復帰後の沖縄に再起への小さくない手掛かりをもたらしたのではないか。乱暴な言い方だが、「祖国」や「母国」といったん縁を切らない限り、沖縄の立つ瀬は確保できないという思い切りは、どうしても必要だった。ゆえに「反復帰」は、復帰がなされてからも、掲げ続けうる旗になったのだと思う。

反復帰論の相貌

新川明は、琉球大学で『琉大文学』を創刊し、島ぐるみ闘争のさなかには、米軍支配への批判を交えて批評・創作活動を行った。先の詩「日本が見える」はその一端である。沖縄タイムスに入社後は、記者として八重山諸島の取材を行うほか、『新沖縄文学』の創刊に立ち会った（一九六六年）。この雑誌は、当初文学賞の掲載を目的にスタートしたが、後には文学と思想の総合誌へ性格を変えた。特に画期となったのは、第一八・一九号の「反復帰論」「続・反復帰論」特集（一九七〇〜七一）である。谷川健一編『叢書　わが沖縄』第六巻（一九七〇）に収められた「『非国民』の思想と論理——沖縄における思想の自立について」（新川『反国家の兇区』にも所収）は、この時期の代表的な論文である。この論稿で、新川は復帰運動を振り返りつつ、その内に抱え込まれたナショナリズム（「祖国」への帰属願望）を抽出し批判する。またそのナショナリズムの隣には、本土に対する「差意識」「『異族』感」も潜んでいると指摘し、それを逆手に取ることで、復帰思想を打ち砕く「沖縄土着の、強靭な思想的可能性を秘めた豊饒な土壌」へ転化しうると述べた。

新川はさらに先へ進んだ。沖縄学の創始者である伊波普猷の「日琉同族論」が本土に対する「差意識」を糊塗するように働いてきたことを採り上げ、さらに民権思想家、謝花昇《じゃはなのぼる》による明治政府の制度的差別への抵抗が沖縄人の日本同化を促した点を指摘する。つまり、復帰思想の背後に控える近代沖縄の根深いナショナリズム（日本への同化志向）を撃たない限り、沖縄の「自立」は獲得し得ないという主張である。

新川の「反復帰論」の特徴は、日本国家の相対化の先に「国家の破砕」を唱えたところにある。「日本との決定的な異質性＝異族性」はそこへ向かう道標であり、これを沖縄から突き出していくことで

「正体不明の魔性」である国家がかたちとなって見えてくるはずだという。

長文の論稿「『非国民』の思想と論理」は、終盤で次のように書いている。

〈国家〉がわたしたちにとって、否定すべき具体として知覚されるのは、まさにその時であり、わたしたちの存在（沖縄の存在）は、そこで〈国家としての日本〉にとって、深くその体内に射込まれた毒矢となり、きわめて悪性な腫瘤となるだろう。あたかも壊疽のように、〈国家としての日本〉を内側から腐蝕し、これを爆破する可能性を持つ地域となるだろう。

川満信一は一九三二年生まれで、新川と共に『琉大文学』を立ち上げた。沖縄タイムスの同僚であり、共に『新沖縄文学』の編集にも取り組んだ。

『展望』一九七〇年一月号に掲載された「わが沖縄・遺恨二十四年――死亡者台帳からの異議申し立て」は、この著者の思想の質感のようなものを伝えていて興味深い。核配備された沖縄に住む百万人の人間は、日米両国の支配者にとって、「生きたままで死亡者台帳の中の頭数とみなされているに過ぎない」から、その「『死者』としての位相からすべてを発想するほかない」（川満『沖縄・自立と共生の思想』、一九八七、所収）のだと書く。

次に引く「沖縄―〈非国民〉の思想」（『映画批評』一九七一年七月号）でも、「死者的立場」からしか、反復帰＝反国家＝〈非国民〉を論じることはできないという基調音は継続している。共に反復帰の論陣を張った新川とのわずかな（しかし明確な）ニュアンスの違いも醸し出している。

わたし（たち）が、たとえば「非国民の思想」というとき、単に沖縄が独自の歴史や文化を持ち、本土との間に異質性を持っているから、異族として非日本国民だという考えに基づいているのではない。そのような単純比較を基盤にしてものをいうのであれば、思想などということはいわない方がよいのである。

（前掲書所収）

この低くくぐもったような言葉つきは、反復帰論に批判的な大城立裕に対して書かれた文言である。ただ、川満の咎めるような口調には、「異質性」を根拠に本土志向を否定するだけでは、反復帰＝反国家を貫く強度は持ちえないという発想が垣間見える。そこに対置されているのは、「支配の総体を否定し、拒絶していくための死者的立場からの論理」である。もちろんこの「死者」という言葉に、沖縄戦の死者が重なっていることは間違いないだろう。

蛇足かもしれないが、「反復帰論」が、一見近い関係にあると見える「反戦復帰論」と異なるのは、沖縄民族意識を重視し、本土人と沖縄人を無前提に同じ日本人としなかったことである。大田昌秀に代表される「反戦復帰論」は、「平和憲法」を尊重する同じ日本人として、共にベトナム戦争に反対し、米軍基地撤去を求める運動を求めた。大田は「沖縄の九六万の日本人」（『醜い日本人』）との認識に立って、同じ日本人でありながら沖縄を差別する本土人を鋭く糾弾しつつ、一方で連帯を求めた。「反復帰論」の方は、差別を批判する点では同じでも、同じ日本人同士の不当な行いとして問題にしているわけではない。むしろ沖縄人を「異族」と見立てた。そうすることで日本へ凭れかかる自身の心根を否定しつつ、日本国家による沖縄の領有と支配に抵抗しようとした。

やや生硬な言葉つきに難はあったが、「反復帰論」はこの時点でもっとも自由で生気溢れる思想だったと思う。

沖縄の「本来」を捉える

「反復帰論」の具体的な展開を見るために、新川・川満・岡本恵徳の三人が編集した『中央公論』一九七二年六月号の特集、「現地編集 特集 沖縄の思想と文化」を眺めてみようか。歴史・文学・民俗・信仰・芸能などの分野を古琉球から戦後昭和まで網羅して十三本の論文を掲載し、一六〇ページを超える圧巻の特集である。以下はその目次である。

民　衆　論　川満信一
琉球処分から沖縄処分へ　我部政男
沖縄戦後政治の構図　仲宗根勇
辺　境　論　新城兵一
「空道の思想」とは何か　上原生男

古琉球の宗教と政治　与那国暹《のぼる》
王統継承の論理　池宮正治
言語・文化・世界　儀間進
南向きの沖縄文化論　比嘉政夫

戦後沖縄の文学　岡本恵徳
渇きと豊穣の原思想　勝連繁雄

沖縄の演劇　中里友豪
沖縄の芸能　いれいたかし
〔詩〕内言語　清田政信
編者座談会　日本国家となぜ同化し得ないか　新川明　岡本恵徳　川満信一

特集冒頭に設けた、新川・川満・岡本恵徳の座談会「日本国家となぜ同化し得ないか」を見てみよう。ここでの問題意識は、他でもない「文化」だった。

冒頭、岡本が「返還問題を文化問題としてとらえる視座が求められている」と論点を振ると、川満は政治の領域では現実的な利害調整の域を出ない、「もっと支配の根本的なところへ迫って行くために」「文化問題として沖縄と日本の問題をとらえて行く」べきだと同意。新川はこれを受けて、近代沖縄人の「〝中央志向〟を根底的に僕たちが掘り返していかない限り」限界を突き破ることはできないと続ける。

この三人のコンセンサスは、振り返ると、その後の大きな流れの起点として二つの意味合いを含んでいたように思える。

一つは、復帰後の茫然自失から抜け出すべく、自己存在への問い（「沖縄とは何か」）を文化的発掘作業として行う機運につながったこと。もう一つは、「反復帰思想」が短期的な政治闘争ではなく中長期の文化闘争（グラムシ風にいえば、〝長期の陣地戦としての文化的ヘゲモニー闘争〟）へ舵を切ったことである。鹿野が、「倒立した自立思想」から出た第三の塊とした「根としての沖縄の意識化」は、明らかにこの思想運動の内実でもあった。

座談会に戻ると、新川は「中央志向」の根にあるのは謝花昇や伊波普猷など近代沖縄の知識人たちが、沖縄と日本の「同一道祖」の証明に集中してきたことにあると持論を述べる。また川満は「民衆内部の豊かさへの幻想」が国家によって逆取りされ、支配の構造がつくり出されてきたことに注目せよと重ねる。

私なりに整理すれば、沖縄がいにしえより日本との文化的同質性に憧れ、そこに「〝豊かさへの渇き〟」を癒す源泉を見ていたことが指摘されている。新川・川満は、その根深い文化的習癖を変えなければ、復帰運動の総括などできやしないと語っている。間違いなく、高度経済成長期にあった本土の賑わいは、沖縄人をも幻惑したのだろう。当時、東京や大阪は地方から大量の若年労働力を呑み込む包摂力を発揮していた。そうした本土の貪欲な気配は、沖縄へも確実に届いていた。

この後、議論は、画一的な日本文化を沖縄の側の「多様性、多系列性」で置き換えるという戦略を構想していく。「日本文化を逆にこちら側から照射してゆく、撃ってゆく自覚」（新川）や、「文化が越境していく本質的な関係」（川満）が、沖縄―本土関係をつくり直すための長期的なテーマと目されたのである。

この戦略は間違っていなかったと思う。一九八〇年代以後の「沖縄ブーム」に並走した文化運動がゆるやかだが確実に本土へ影響を与えたことを私たちは知っている。ただし、文化運動のプラットフォームになったのは消費経済システムだ。そのシステム上で、文化運動がどこまで思想課題に取り組めたかについては疑問の余地もある。

しかし、もし復帰運動の中から「反復帰」の声が上がらなかったとしたら、復帰後の沖縄は文化的活気を取り戻すのに、もっとずっと長い時間を費やすことになったのではないか。「夢は色々ある方が良い」とBEGINが歌ったように、復帰後の沖縄に多様性が生まれたのは、「祖国（母国）復帰」の大きな流れに逆らう、こうした小さな異議申し立てがあったからだ。私はそんなふうに考えている。

第五章　世代《ゆが》わりの戦い方

押し寄せる本土

一九七二年五月十五日、沖縄は再び日本の一部になったが、県民の気分は宙ぶらりんだった。頭と体の半分は大和世《やまとゆー》の方にきていたが、もう半分はまだアメリカ世《ゆー》の方に残っていた。政治や社会の仕組みは「本土並み」になったらしいが、基地は依然としてそこに在り、多くの県民はフェンスの中や周辺で生活の糧を得ていた。

沖縄と比ぶべくもないが、この時期、私も宙ぶらりんだった。大学には潜り込んだものの何をしていいのか見当がつかなかった。この年の二月には、あさま山荘で連合赤軍による銃撃戦があり、三月には山岳ベースのリンチ殺人が発覚していた。一九六〇年代はどうやら確実に終わりを告げており、その後に来る（おそらくロクでもない）時代の姿はまだ見えなかった。沖縄の復帰も、そんな時代の転換（世代《ゆが》わり）を象徴することのように思えた。

沖縄では、復帰に合わせて矢継ぎ早に記念イベントが行われた。植樹祭と国体と海洋博の「三大復帰記念事業」である。「全国植樹祭」は一九五〇年の山梨県、「国民体育大会」は一九四六年の京阪神地域を皮切りに、毎年開催地域を変えて行われてきた。この二つのイベントは、全国豊かな海づくり大会・国民文化祭と共に、「四大行幸啓」に含まれている。「沖縄復帰記念植樹祭」は一九七二年十一月に摩文仁《まぶに》の丘で、「復帰記念沖縄特別国民体育大会」（若夏国体）は一九七三年五月に那覇市ほか九市一町で行われたが、この二つの催しに天皇・皇后は臨席しなかった。

なんとも中途半端なやり方だった。

それに比べると、〝沖縄の万博〟構想は周到だった。早くも大阪万博が開催された一九七〇年暮れには予備調査費が予算化されて政府のお墨付きが与えられ、一九七二年には「沖縄国際海洋博覧会協会」が組成されている。

吉見俊哉が述べたように、海洋博の大きな特徴は「構想から開催までのすばやさ」（『万博幻想』、二〇〇五）である。大阪万博が開催まで六年を要したのに対し、海洋博は計画浮上から四年余だった。これは、一九六四年の東京オリンピックから大阪万博へ敷かれたナショナルイベントのコース上に、海洋博がすっぽりはめ込まれたからだろう。「本土並み」を主張した沖縄に対し、日本政府は「本土化」という統合策で臨んできた。

当初、沖縄側は海洋博を好意的に受け入れた。「海洋開発」が将来、沖縄の産業・経済のキーワードになるという昂揚感に加え、開催に合わせて行われる社会資本整備への期待感も強かった。またシンプルに、海洋博をカネの落ちるチャンスと捉える人々も多くいた。

ところが――第一章で少し触れたように――そのビッグイベントは近づくにつれて、落胆ばかりをもたらすことになった。人々の気持ちが負の方向へ触れた一番大きな原因は、復帰後の急激な物価高騰と本土資本による土地の買い占めだった。さらに海洋博施設の開発だけでなく、周辺の観光・娯楽施設の乱開発がもたらす自然破壊への危機感も募った。押し寄せる「本土」の猛威に対し、沖縄は身構えざるをえなかった。一九七三年を境に、沖縄の世論はあきらかに「海洋博反対」の方に傾く。統一テーマ「海――その望ましい未来」に対して、『沖縄タイムス』（一九七三年四月九日）は、「海――

その痛ましい現状」と率直な対抗メッセージを投げかけた。復帰の幻滅にさらに輪をかける海洋博への疑念は、「本土」に対する不信を倍加させることになった。

ともあれ、海洋博は本島国頭《くにがみ》郡本部町《もとぶちょう》で一九七五年七月二十日から半年間開催された。先に述べたように、入場者数は目標を一〇〇万人も下回り、会期終了後は海洋博ビジネスを目論んだ企業の倒産が頻発した。その上、重機が土砂を削り取った山からは赤土が流れ出して海を染めた。復帰の成功をぶち上げるはずの博覧会は、惨憺たる結果に終わった。

これらの「復帰記念事業」と並行して、沖縄振興開発計画（第一次沖振計、一九七二〜八一年度）の策定が進められた。打ち出されたスローガンは「本土との格差是正と自立的発展の条件整備」。そのエンジンに想定されていたのは、第二次産業の飛躍的成長だったが、目論見通りにことは運ばなかった。

復帰前の琉球政府は、基地依存経済からの脱却、自立経済の確立に向けて、石油精製やアルミ製造などの大型外資の導入を計画していた。その先頭に立っていたのは、行政主席・松岡正保《せいほ》だが、初の公選主席となった屋良《やら》朝苗《ちょうびょう》もその路線を受け継いだ。つまり、石油・アルミの外資導入は、保革の立場を超える一大経済方針となっていたのである。

一九六八年には、ガルフ、エッソ、カルテックス、カイザーという石油メジャー四社の外資導入申請を認可するが、これを嫌う日本政府が横やりを入れたために、カイザーは撤退、他の三社は本土資本との合弁を選択する（ガルフは三菱化成、エッソはゼネラル石油と住友化学工業、カルテックスは東洋石油）。一九七一年、通産省（現・経産省）は大規模な石油備蓄基地（ＣＴＳ）の建設を発表し、本土資本中心の石油備蓄政策を強引に押し込んだ。

アルミ製造の方も同様で、日本政府は導入申請した米外資のアルコアを強く牽制した上で、本土のアルミ精錬五社に合弁会社（「沖縄アルミ」）をつくらせ、アルコアの提携策を封じて撤退を余儀なくさせる。ところが、本土系合弁会社も採算割れの予測を理由に撤退してしまう。

まるで悪質ないじめのような日本政府のやり方は、一九六九年に策定された「新全国総合開発計画」（新全総）を沖縄へ持ち込む、本土中心の経済ナショナリズム（というよりエゴイズム）である。もっとはっきりいえば、沖縄の「自立」の芽を摘み取り、本土主導の「開発」へ引きずり込む手口だった。

金武湾の闘う人々

石油メジャー各社が当初から候補地と睨んでいたのは、本島東海岸だった。中でも金武《きん》湾は浅瀬が張り出し波浪が穏やかなため、適地と目されていた。

一九六七年、ガルフは与那城村《よなぐすくそん》（現・うるま市）に対し、湾の南端に位置する宮城島《みやぎじま》への製油工場建設を申し入れた。カナダから取り寄せた原油を精製、主に日本本土や台湾・香港へ輸出し、村や島内から二〇〇〇余人を雇用する計画であると説明した。村長は「平和産業であり、近海汚染の心配もない」ことから多くの地主たちは賛成していると語った。

しかし、島民たちは進出に反対した。するとガルフは隣の平安座島《へんざじま》への打診をただちに行う。

ここが隣り合う二つの島の岐路になった。長らく要望していた海中道路の建設工事を交換条件に、平安座島の島民は提案を受け入れた。現在は観光名所にもなっている全長四・七キロの海中道路を渡ると、ほぼ全域がCTS施設のフェンスで囲われた平安座島の異様な光景が目に飛び込んでくる。私が何かを言う資格はないが、土地を売ってここを去った方々は、この島のもとの姿をどんなふうに思い出すのだろうか。

外資導入免許を得たガルフは一九六九年中にすべての石油備蓄タンクを設置し、石油精製工場を建設した。これらの施設は先に述べた通り、後に三菱系企業へ譲渡されることになる。

与那城村村長は、さらに次の動きに出る。通産省傘下の日本工業立地センターに開発計画を策定させ、六六〇万平方メートルの埋め立てを伴う巨大なCTS建設計画を村議会へ提起、賛成多数を得る。村の要請に応じるかたちで三菱開発（後に沖縄三菱開発）が事業主体に立つ。こうして村の意思決定は、琉球政府の方針に従い、実は（本土資本による〝乗っ取り〟を通して）石油備蓄の国策を実現しようとする日本政府の思惑に呑み込まれてしまった。

一九七二年十月、沖縄三菱開発は平安座島・宮城島間の公有水面埋め立て工事を開始する。

一方、金武湾沿岸の住民の不安は募っていた。一九七一年十月、ガルフCTSで原油陸揚げ時に一九〇トンの原油が流出、翌年も複数回の流出があったからだ。また精製工場からは煤煙が排出され、悪臭もたびたび感知された。さらに、オイルタンカーから排出されたバラスト水による海の汚染、廃油ボールの漂着も深刻化していた。

平安座島のCTS

沿岸の各所で、公害の危機に対して住民たちの自発的な運動が始まる。CTSの建設に直接さらされた地域の運動体の他、自然保護の視点から動き出した団体もある。

CTS以外では、石川市へのアルミ企業進出に対する抵抗運動も始まった。先に述べたようにアルコアに対抗して設立された沖縄アルミの進出計画を察知し、住民たちは本土のアルミ産業の実態調査などを行いながら、「沖縄アルミ誘致反対市民協議会」を結成した。市や県に対する働きかけを行い、結果的に沖縄アルミは進出を断念した。

一九七三年九月二十二日、「宮城島土地を守る会」「与勝《よかつ》の自然と生命を守る会」「東洋石油基地反対同盟」など六市町村の団体と金武湾周辺地区の住民一五〇人が集まり、「金武湾を守る会」を結成した。県に対する要求として決議されたのは、①金武湾における埋め立て計画を中止する、②石油基地の増設を認めない、③新設も認めない、④石油関連企業を誘致しないという四項目だった。彼らは運動体相互の連携はもとより、本土の反公害運動や宇井純ら研究者たちとも交流する。「金武湾を守る会」は、環境問題に組織的に取り組む、沖縄初の住民運動だった。

上原こずえは、金武湾闘争の住民運動としての特徴を二つ挙げている。

第一は、金武湾沿岸地域の住民の積極的な参加である。埋め立てとCTS・石油精製工場の建設による汚染被害を直接に受ける人々が、抗議行動の主力メンバーを占めていた点である。

上原は次のように書いて、運動の参加者たちが想いを馳せる風景を綴ってみせた。

> 漁業協同組合の組合員ではないため漁業権放棄に同意する、あるいは異議をとなえる法的な権利をもたない住民らも、金武湾で貝や海草を採って自給自足、あるいは生計の足しにし、そして

> 金武湾を遊び場としていた。（中略）たとえば、海辺で獲れたエビを釣り客に餌として売り生計の足しにしている人は少なくなかった。また、旧暦四月二九日前後の二日間、大量のスクガラス（アイゴの稚魚）が珊瑚草を食べに屋慶名の海岸に集まり海の色が変わる、その瞬間の呼び声で皆が同時に網でスクガラスをすくって捕る「四月スーク」の習慣や、海辺の砂をかかとで踏みつけ出てきたエビを捕る、干潮時に逃げ遅れてくぼみに残る魚を網ですくって捕るなどの遊びがあった。松井健が「マイナー・サブシステンス」と表現するこれらの習俗ないし遊びは、「家計への経済的貢献の小さい、季節限定的な、しかし、すこしは経済的意味のある生業的活動」である。
> （『共同の力——一九七〇〜八〇年代の金武湾闘争とその生存思想』、二〇一九）

海の傍らで生きる人々が、海からどのような恩恵を得て、暮らしを充実させていたかが伝わってくる。人々が守ろうとしていたのは、豊かな自然環境であると同時に自然と穏やかにかかわる生活環境でもあった。

第二は、この闘争の組織形態である。「金武湾を守る会」は、他者の命を代表することはできないという理由から「一人びとりが代表」であるとして、代表者を置かなかった。会の世話人、安《あ》里《さと》清信《せいしん》は以下のような言葉を残している。

> 住民運動というのはやっぱり、そこに住んでいる人たちが国策の強制にさらされて、いかに自己をとらえ、みずからの内部にあるものを表面に押しだしていくかというところに成立するんじゃないですかね。（中略）自己を意識しないで戦うんじゃなくて、大城さんの歌もそのひとつですが、自己のうちにあるものを外に放りだして戦う。そこのところがいま問われているんじゃな

いかと思います。

だから住民運動に代表はいらない。住民の一人ひとりが代表なんです。したがって「金武湾を守る会」には代表はいません。それが役人にはわからない。（中略）だから、かれらは（役人は――引用者）「守る会」は手に負えないといってますね。でも、それが正しいんですものね。

（安里『海はひとの母である――沖縄金武湾から』、一九八一）

安里は与那城《よなしろ》郡屋慶名《やけな》（現・うるま市与那城屋慶名）に生まれ育ち、朝鮮での教員生活、三回の徴兵の後、戦前の皇民化教育にかかわった自責を抱えつつ、屋慶名に戻って教員に復帰した。ようやく教員生活を終えようとしていた一九七三年、彼は目の前に突然現れた「平和産業」を自称するＣＴＳに抗うべく、敢然と立ちあがった。

アメリカ支配から逃れようとした復帰運動がそうであったように、また基地経済からの脱却を企てた琉球政府の経済政策がそうであったように、「代表」を置く運動や組織がことごとく本土／日本の思惑に取り込まれてしまった経緯を振り返って、安里が編み出した究極の運動体の論理こそ、「一人びとり」だった。

ちなみに、安里の引用文にある「大城さん」とは、コザの市場で果物を商っていた大城フミという女性で、機動隊に向かってとっさにつくった歌を歌い掛け、彼らを「しゅんとさせた」（同前）という伝説のおばぁだった。

新しい闘い方の発見

「金武湾を守る会」は、直ちに県と与那城村に対して、建設工事の中止やCTS増設の白紙撤回を求めた。屋良知事や中村村長と団体交渉を重ねつつ、二〇〇〇人規模の村民大会、三〇〇〇人規模の総決起大会なども開催した。屋良主席に公開質問状への回答を要求して県庁舎などを占拠し、機動隊とぶつかる一幕もあった。

行政との交渉は確たる進捗を見なかったが、CTSをめぐる情勢は次第に流動化する。革新与党や労組はそれぞれ自らのCTS反対論を打ち出し、県議会では与野党双方から屋良県政に対する批判や要請が相次いだ。

一九七四年一月、支持基盤の革新与党がCTS反対に転じる中、屋良知事は「反対世論の高まり」「全国的な反公害運動」などを理由にCTS反対の声明を発する（1・19声明）。当然ながら、沖縄三菱開発と政府・通産省はこの声明を拒絶、県は積極的に工事中止を求めることはなかった。一九七四年九月「金武湾を守る会」は、那覇地裁に「埋め立て免許無効確認請求訴訟」を提訴したが、翌年十月、被告・県側の主張である「訴えの利益なし」の判決が下った。

「革新県政」は態度を鮮明にしないまま屋良から平良《たいら》幸市《こういち》へ手渡され、一九七八年の知事選に勝利した保守陣営の西銘《にしめ》順二《じゅんじ》はあからさまにCTS加担を表明した。金武湾のCTSが増設され、琉球弧全体へCTS建設が広がった。

しかし、その後も「金武湾を守る会」の闘いは継続した。また、琉球弧へのCTS拡大は、反CTS闘争のネットワークの拡大にもつながった。新崎盛暉や岡本恵徳らの「CTS阻止闘争を拡げる会」が、奄美から八重山へ県境を越え多様な住民運動をつないで、「琉球弧の住民運動」と呼ばれる交流をつくり出した。

新崎盛暉は、「金武湾を守る会」の活動を「組織原理においても、その方向性においても、復帰後の沖縄における新たな運動の出発」と述べつつ（『沖縄現代史 新版』、二〇〇五）、別のところでは、米軍の軍用地接収に抗して――ときには全島を乞食の姿で行脚し、ときには米軍の金網を破って標識を抜き取るといったゲリラ戦で――闘った伊江島の農民の姿に重ね合わせている。

すなわち、島ぐるみ闘争という粗削りな戦後の「運動」は、一九六〇年代にさまざまな「組織」へ組み込まれていく中で創造性を失ったのではないか。「その意味では、一九六〇年代末から擡頭しはじめた住民運動は、自らが意識していると否とにかかわらず、戦後沖縄の歴史のなかに埋もれていた運動の原点を改めて掘り起こしたともいえるのである」（CTS阻止闘争を拡げる会編『琉球弧の住民運動』、一九八一）。

「金武湾を守る会」とCTS阻止闘争は、復帰運動や反基地運動とは別の文脈で始まり闘われたが、既成の政党や組織とは距離を置くことで、柔軟な発想と行動を獲得した。「島ぐるみ」の運動が忘れかけていた「自立」の心意気は、「一人びとりが代表」の思想によみがえり、再発見されたともいえる。それは、海洋博の開発騒ぎや復帰後の混乱の中で、「国策」を振り回しつつ、火事場泥棒のように利権を求める勢力に対して、人々が見出したもう一つの闘い方であり、もう一つの沖縄への覚醒でもあったようだ。CTS阻止闘争を経験することで、沖縄はたくましさを回復したのではないか。「反復帰」と一脈通じる「自立」の気概だ。

ウチナーグチの小説

東峰夫の少年小説は、芥川賞の選考委員をやや当惑させるものだったのではないか。比較的高い評価を与えたのは、丹羽文雄と吉行淳之介で、丹羽は「ひさしぶりに新鮮な感銘を受けた。沖縄の日常語を大胆に駆使しているので、目新しい感じを受けた」、吉行は「おそらくずいぶんの努力の末にノンシャラン風の文体をつくり出したのは、手柄である」と語った。他方、中村光夫は「いくぶんわざとらしい文体で、少年の感受性を造型することに一応成功していますが、そこに描きだされる『オキナワ』は型にはまった沖縄」に過ぎないと手厳しい。

いまさらのことだが、私には、三人の選評が東の作品をつかみかねている、または読み損ねているように感じられる。三人とも東の作品をある種の「青春風俗小説」と捉えており、その出来の良し悪しを評しているように感じるからだ。吉行は、少年の目に映じた一九五〇年代のコザの裏町を、自身の作品世界に引きつけて見ていた節がある。「ノンシャラン風の文体」云々は、おそらくその視点から来たものだろう。選者の中で最も若い吉行（当時四十七歳）の発言は、座をリードしていた感もある。井上靖が「しゃれた新鮮な感じの作品として評価されたが、私にはよく判らなかった」としているのは、選考会の様子をよく伝えている（以上の選評は『文藝春秋』一九七二年三月号より）。

東の「オキナワの少年」は、李恢成の「砧をうつ女」と共に、第六六回芥川賞（一九七二年）の受賞作品に選ばれた。一九六七年の大城立裕「カクテル・パーティー」の受賞（第五七回）に続く快挙だった。また大城と異なり、全く無名の書き手だったことも人々を驚かせた。

コザで育った東は、高校中退後は嘉手納空軍基地で働き、一九六四年に集団就職の一員として上京、厳しい生活に耐えながら作品を書いたという。「オキナワの少年」に書いたコザの街の情景は、彼自身の少年時代の体験と記憶だと本人は語った。

その体験と記憶が、ウチナーグチ（沖縄言葉）で生き生きとまた生々しく描かれたことも沖縄の人々を驚かせた。作中で少年やその周囲の人物が口にする「生活の言語によって生み出された新しい文体は、沖縄では衝撃をもって受けとめられ、その後の文学に少なからぬ影響を与えた」のである（若林千代「『吹きかえし』の風を待つ少年」、二〇二〇）。「カクテル・パーティー」には一切登場しなかった沖縄言葉は、今まで誰も開いたことのない、沖縄文学の新しい世界、いや日本文学の未知の世界を垣間見せた事件だったと思う。

作中の「少年」の名前は「つねよし」。サイパンで生まれ、家族と共に沖縄へ帰ってみると一家の土地は米軍基地に接収されていた。仕方なく父親はコザの街で商売を始めるがうまくいかず、「風俗営業」に手を染める。住み込みの娼婦と家族の奇妙な同居空間で、父母は稼ぎに余念がなく、ときには少年のベッドまで娼婦に使わせる始末だ。

ダブルベッドを、男女二組が使えばいいじゃないか、と少年はむくれる。

「……並んで商売せえ済むるもんにゃあ」

ぼくはおきあがりながらいってみた。

「まさか！　さあ、早《へえ》くせえよ。儲《もう》けらるる時に儲けとかんとならんさに？」

おっかあは糊のきいたシーツカバーをパリパリひろげながら、ぼくをいそがせた。

「こん如《ごと》うる商売は、ほんとに好かんさあ」

「好《す》かんといっちん仕方あんな。もの喰《く》う業《わざ》のためやろもん、さあはい！」

「いかにもの喰う業のためやってん、好《す》かんものは好《す》かん！」　　　「オキナワの少年」

父母への気の滅入るような抗い。娼婦の一人に対する淡い想い。級友とのすれ違いと癒しがたい傷。少年は次第に行き場を失い、東海岸、泡瀬の浜をさまようちに、南の島への空想的な逃避行を思い立つ。台風の夜、係留された米軍人のヨットへ忍び込んだ少年は、キャビンにうずくまり、台風の「吹きかえし」に運ばれ疾走する小舟を思い描く……。

この小説の最大の特徴は、先述のように少年と周囲の人物とのウチナーグチの応酬であり、そのやりとりの大半が強い緊張感をはらんでいることだ。相手の機先を制し、弱みを突き、揚げ足を取りながら、自分の非をしたたかに弁明しまくる。言葉は、生きるための武器として駆使されている。そこにいるのは、いやがおうにも自立せざるをえない「個」だ。

「オキナワの少年」が受賞した年に書かれた岡本恵徳の論考がある。岡本はその中で、復帰を前に現れた「『沖縄的なもの』の主張」には、「近代以後の沖縄の被虐の歴史のなかで、沖縄が沖縄でありえなかった事実、いわば根源において沖縄の人間が喪失していた自由性を、戦後の過酷のなかで自らの手によって恢復しえたあかし」があると書いた（「戦後沖縄の文学」、『中央公論』一九七二年六月号、傍点引用者）。岡本には、「『オキナワの少年』における方言による文体創出の試みは、その自由性のまぎれもない証し」（同前）と見えたのだ。

「沖縄的なもの」との再会

本章前半で触れたＣＴＳ阻止闘争を中心とする住民運動が、一九五〇～六〇年代の復帰運動にはなかった「一人びとり」の覚醒と個に根差した意思決定を促すものであったとすれば、それは「自立」や「自由」という言葉にもふさわしかったのではないか。「オキナワの少年」は、ごく小さなうねりではあるものの「沖縄的なもの」が人々の中に脈々と波打っていることを、少年の目を通して知らせる作品だった。それに気付けば、「自由性」はもっと自然に蘇るはずだった。

ただし岡本は手放しで、「オキナワの少年」を賞賛したわけではない。先の論考では、一九七二年の情勢下にあって、「『沖縄的なもの』の主張」は「政治的、社会的状況と、沖縄の人間の意識のありかたという二重の契機をうちに孕む」ことを知っておかなければならないと慎重に釘を刺してみせた。しかも、その「二重の契機のいずれを欠落しても、その主張の根拠ないし主張の持つリアリティは失われる」と厳しく諭した（前掲書）。

粗雑な言葉で言い換えると――もし「沖縄的なもの」を持ち出すなら、それが放つ政治的な意味合いを明らかにした上で、沖縄人のこころの内奥へ迫る必要がある、その覚悟がないならやめておくべきだ、ということだろうか。おそらく岡本は、東がそのような困難な道へ乗り出す用意があるのかどうか、疑念を持っていたのだろう。

私は、岡本のこの疑念について、少し異なる見方をしている。というのは、「オキナワの少年」には、この書き手なりの「二重の契機」が埋め込まれていたように感じるからだ。

それは可視的なところでいえば、冒頭から頻出する「ぼく」と、僅かだが会話の中に出現する「我《わん》」という二種類の一人称である。言い添えておくと、「オキナワの少年」は基本的に「ぼく」の一人称小説であり、そのスタンスは意外なほど冷静に保持されているが、両親との口論の中では「我《わん》」が間歇的に現れるのだ。

娼婦が使った部屋に戻ってきた「ぼく」は、大切な腕時計がなくなっているのに気付き、連れ込みを許した母親を責める。すると、母親は逆に息子をなじる。

「あーあ、好かん好かんとばっかりいっち、この童《わらば》あは！　親がこん如《ごと》し苦労すしん諸々《もろもろ》子《こ》達《た》あのためやあらんな？」

いつもそういうんだ。親が苦労、親が苦労！　そればっかり聞かされていると、もう親の厄介になるのはやめて、家をけりとばして出ていきたくなる。

「あーあ、我《わん》も働き欲《ぼ》さぬならんさあ、学校んやめて……」　（同前）

特に親子喧嘩の原因がカネである場合に、「我」は強く前面へ躍り出る。別の場面ではこうだ。

茶の間に電燈がついた。ぼくは、さっきのおっかあの言葉が気になって出ていった。新聞配達の手間賃を全部かりられてしまっているのだ。

「おっかあ、本買《こ》うゆるもん、我《わあ》が銭返《ぜにけえ》せえ」

「えっ？　何の銭《ぜに》よ？」

敷ぶとんをあげながら、うすらとぼけている。　（同前）

沖縄言葉が「沖縄的なもの」を表象しているのではない。この「ぼく」と「我」の併存が沖縄的なのであり、それは全編を通して、共通語と沖縄言葉の併存として構造的に現れる。

家庭・近隣空間が沖縄言葉空間であるなら、学校は典型的な共通語空間だ。生徒会費がなくなったと言って、少年に心当たりを尋ねる女性教師は、いかにも丁重な共通語を操る。

「……今朝ね、副会計のなつこさんのカバンからおかね盗《と》ったひとがいるのよ。つねよしくんこころあたりない？　あなた朝礼でなかったでしょう？　遅れてきたの？」
「いえ、ぼく、けいぞうくんたちといっしょにきて、それから、トイレにはいっているうちに朝礼になって、そのままずっとはいっていたんです」
「……そう……」
（同前）

秩序管理者としての教師だけでなく、作品中では、生徒同士の会話も共通語だ。少年が慕っている恵三は、最近級長の政一と仲が良く少年をやきもきさせている。「けいぞうくーん！」と「子犬のような気持で」駆け寄る少年に向かって、相手は「……やあ……」とすげなく応対するばかりか、「今朝は、（新聞―引用者）配達におくれたろ？」と管理者のような口を利く。対する少年は、「うん、ねぼうしたから！　ハハハ」とへつらい、頭をかいてみせる。子どもの間に忍び込む密かな上下関係にも共通語はきわめて相性がいいのだ。

このように「オキナワの少年」は、二種類の言葉の併存という事態の中に、「政治的、社会的状況と、沖縄の人間の意識のありかたという二重の契機」を孕んでいた。上に見たように、一方の「我《わん》」は身内同士の権利主張の場面に導入され、他方の「ぼく」は秩序と権力への従順を示す場面へ滑り込んでくる。しかも主人公は、この二つの一人称の間で行きつ戻りつを繰り返す。この様相こそ、作品に埋め込まれた「二重の契機」だった。

つまり、少年をめぐるウチナーグチの応酬は「沖縄の人間が喪失していた自由性を、戦後の過酷のなかで自らの手によって恢復しえたあかし」（岡本前掲書）ではあったものの、その「恢復」のすぐ隣には、大きなもの・強いものに従順でありたい沖縄もまた蹲っていた。東は、その二重構造のうちに沖縄の現況があることに気付いていたのではないか。

東は、受賞後第一作として、「島でのさようなら」（『文學界』一九七二年五月号）を書き、一九七六年には書下ろしで『ちゅらかあぎ』を発表した。この二つの作品は、「オキナワの少年」の実質的な続編であり、少年のその後の人生を（多くの部分は東自身の人生も）追っている。

「島でのさようなら」では、高校を休学した元少年が父親と同じ基地の雑務に就くが続かず、建設関連の仕事をいくつか経て、ついに集団就職に紛れ込んで東京へ向かう。その経緯をたどり、所々に追憶や回想を交え、さらにトルストイの文章を挿入するといった変則的な構成は、どこか芥川賞に戸惑う作者の心のうちを覗かせているようだ。

『ちゅらかあぎ』は、東京で下積み生活を送りながら、文学への道を意固地に探し求める青年の物語である。神田の製本工場に住み込んで長時間労働に疲弊し、やがてそこを飛び出して日雇い労働者の気楽さを見つけていく。三日に一度の肉体労働、気兼ねのない休日の読書、そして同人誌への参加。かつてのコザの少年が、東峰夫自身が東京で見つけた貧しくも優雅な文学生活にたどり着くところで作品は終わる。

比喩的な言い方で付け加えれば、この三篇の連作を通して、「ぼく」は次第に領域を拡張し、「我《わん》」は追想の奥に後退していく。それにつれて、残念ながら「オキナワの少年」の瑞々しい「自由性」は失せ、本来はそこにあった「二重の契機」も徐々に緊張感を失っていった。沖縄の文学は、この地に求められる「自由」をもう一度見出すために、この後しばしのときを必要とすることになる。

それでも私は、「オキナワの少年」があの時期に出現したことに注目したい。復帰前後の過渡期（世代《ゆが》わり）にあって、従来の組織や知識の階層性（換言すれば階層上位の者による代表制）が崩れる中、社会運動と同じように文学作品もまた「一人びとり」の創意によって書かれるという自然な認識が生まれたのだ。

大城立裕の「カクテル・パーティー」で交わされるガラス細工のような繊細な沖縄文化論が知的代表者の「技」であるなら、少年と母親とのウチナーグチまじりの口喧嘩は「一人びとり」の「声」だと言ったらいいだろうか。それは金武湾の住民運動のあり方とよく似ているような気がするのだ。

第三部

南のヌーヴェルヴァーグ

コザの街角

第六章　島唄から始まった

革命浪人が見つけた星

戦後の沖縄の歌を、本土へ運んだ人物の話から始めたい。

竹中労《たけなかろう》――ルポライターという稼業を初めて名乗った一人。権威も権力も大嫌いな反骨でありながら、そうした理不尽がまかり通る芸能界に目を凝らし、かと思うと貧しき人々の上げる狼煙《のろし》に期待して辺境に赴き、弱きを助け強きをくじく文《ふみ》を書く、自称「革命浪人《ゲバリスタ》」でもあった。一徹頑固なようで変幻自在、適当に手を抜くところもあって、なかなか好ましかった。

その竹中が初めて沖縄の土を踏んだのは、一九六九年十月三十一日のことだった。快晴の那覇港に琉球海運のおとひめ丸が接岸、埠頭へ降り立ったこの人の目的は三つあった。

第一は、大規模なフォークコンサートの開催の可能性を探ること。米国・キューバ・アジア・日本の歌い手総勢一〇〇人をいくつかの班に編成して日本全国を縦断し、沖縄に乗り込もうという作戦だった。第二は、大島渚と語らっての沖縄を舞台とするミュージカル映画の企て。そして第三は、URCレコードからリリースする〝日本禁歌集〟シリーズ沖縄編のための歌の発掘だった。

昼間、那覇とコザ（現・沖縄市）を白タクで回り、某氏との面会を済ませた竹中は、那覇栄町へ赴く。

〝栄亭〟に登楼して、琉球舞踊と古酒と料理を注文すれば、「踊りはあるけど、料理はトンカツのようなものしかありません」というなり。何でもエエがな、午前零時で店じまい、間にあわせで結構、早いとこ踊りを見せていただけまいか、聞くところによれば、この店にはむかし辻遊廓に出ていたオバァサンで、三絃の名人がいるそうだが？　へイ、それは私でございます。そいつは好都合だ、『海ぬチンボーラー』というのを唱えますか？　ええ、ええ、それはもうよく知っておりますとも。

（竹中労『琉球共和国』、一九七二）

ここから竹中流の歌の旅が始まる。「波の上、栄町、泊一丁目、拾貫瀬《じゅっかんじ》、コザの吉原、エトセトラ。女郎《じゅり》の里をへめぐって、スタミナの続くかぎり沖縄の底辺を探訪し尽くせるなり」（前掲書）。夜の巷をさまよう一方、沖縄民謡界の案内人ともいうべき人物にも遭遇する。琉球放送の名プロデューサー、上原直彦とコザきっての民謡通、備瀬《びせ》善勝《よしかつ》である。竹中はこの二人に導かれ、沖縄の唄者《うたさー》の世界へはまり込んでいく。

二度目の渡航は十二月二十二日。この日は、沖縄で顔パスの利かないところはないという国吉真幸に上原直彦、初見の若者、宮城賢秀に連れられてコザの普久原恒勇《ふくはらつねお》宅へ乗り込む。普久原は、養父普久原朝喜《ちょうき》が戦前に大阪で創立したマルフク・レコードの経営にあたる一方、「芭蕉布」「島々美《かい》しゃ」などの名曲を書いた作曲家でもある。

聞けばその夕は、普久原を総帥とする「コザ派（または普久原派）民謡造反軍団」（前掲書）の忘年会があるという。ちなみに一党は、先導役の国吉・備瀬・上原はもちろんのこと、山里勇吉、伊波貞子と四人姉妹（フォー・シスターズ）、ホップ・トーンズ、あの嘉手刈《かでかる》林昌《りんしょう》と照屋《てるや》林助《りんすけ》（てるりん）に、画家の与那覇朝大《ちょうたい》、沖縄文化界のボスを自認する石垣正男だという。上原は面々を評して、「沖縄を動かす芸術ゲリラちゅうところですかな」（同前）と自画自賛した。

「普久原派」の唄者の中で竹中がもっとも心酔したのは、嘉手苅林昌だった。

嘉手苅は、南洋諸島で捕虜になり、一九四九年に帰島。歌いながら馬車引きをしていたが、沖縄芝居の地唄で各地を回り、ラジオ、レコードなどで名前を知られるようになった。

竹中はこう書く。

> 嘉手苅林昌――通称カティガルのジルー、日本名を林昌二朗（林長二郎をもじったのだ）、前職バサムチャー（馬車ひき）、日本帝国元陸軍上等兵、この風狂のうたい手にめぐりあわねば、私は真の〈うた〉に理会しなかったであろう。コザの作曲家普久原恒勇氏の家ではじめて『国頭ジントーヨー』を聞いたとき、胴ぶるいがした。（中略）
> まさに泉のごとく、おそらく大半は即興で湧いてくるカティガル春歌。それは、大らかですこしも猥雑ではなく、洒脱な三絃の響きに乗って、飄々とうたい来りうたい去る。私はこれまで日本全国を春歌をたずねて旅してきたが、嘉手苅林昌こそやっとめぐりあった理想の歌い手であった。（同前）

竹中は、「春歌」を人々の生の根拠として捉えていた。それはもちろん権力への直接的な抵抗を意味するものではなかったが、圧迫された末に打ち砕かれ、放り出されたときに、最後の拠り所になるものと考えていたようだ。中でも彼がこだわったのは、尾類小《じゅりぐゎー》、すなわち娼婦たちにまつわる歌だった。もっとも貶められた者たちにこそ、もっとも強い逆襲への意志が宿る――この人の窮民革命論の中枢にはこんな確たるイメージがあった。

また竹中にとって、嘉手刈林昌は唄者の理想形であったばかりでなく、戦後の沖縄音楽を象徴するアイコンとしても見えていたように感じる。今動画で見ても、着流しのなりで長身痩軀をすっくと伸ばし、三線《さんしん》を抱えて軽やかに歌う立ち姿はなかなかのものである。

こんなことは誰も言わないが、竹中は嘉手刈を類稀なポップスター（大衆の星）と見ていたのではないか。歌の上手さなら多分、嘉手刈に匹敵する唄者は他にもいた。ただ、竹中が求めていたのは、〝沖縄を代表する民謡歌手〟などというものではなかった。彼は、不遇な歴史を生きてきた人々が、自身の辛い魂を浄化してくれると思えるような、聖なる唄者が必要だと考えていた。聖なる星にして誰もが知っている星、ポップスターである。

ハイサイおじさんの物語

竹中が掲げた当初の三つの目的のうち、前二つのフォークコンサートとミュージカル映画は実現しなかったが、沖縄の歌を音盤に記録するミッションはかなり周到に遂行された。大野光明によれば、一九七〇年から七五年にかけて、嘉手刈をはじめ、登川《のぼりかわ》誠仁《せいじん》・糸数《いとかず》カメ・里《さと》国隆《くにたか》など十七枚のアルバムがリリースされている。また、東京の渋谷ジァン・ジァンでの嘉手刈のリサイタル、一九七三年から七五年にかけて開催された「琉球フェスティバル」の企画・運営にも携わっている。「琉球フェスティバル」には、照屋林昌・林助、饒辺《よへん》愛子など大御所の他、大工《だいく》哲弘《てつひろ》や知名《ちな》定男《さだお》など若手も出演している。一九七三年の第一回は日比谷野外音楽堂が会場だったが、沖縄人が客席の三分の一を占め、司会の上原直彦がタイトルコールを行うと会場は大きくどよめいたという。

ちょうどその頃、喜納昌吉《きなしょうきち》は沖縄刑務所を出所し、今後の身の振り方を試行錯誤で探っているところだった。麻薬の不法所持で起訴され、実刑一年半という判決が下ったのだ。コザで経営するクラブ「ミカド」が成功し、稼ぎまくって遊蕩を尽くした挙句のことだった。獄中では、膨大な書物を乱読し、自身と向き合った。

出所後は、陶芸家の名護宏明から「島小《しまぐゎー》」（島が産する物や人）というキーワードを与えられ、沖縄のアイデンティティについて考えに耽ったこともある。また「金武湾を守る会」の安里清信に誘われてCTS阻止闘争に参加したこともあった。復帰後の混迷の中で、喜納はもう一度音楽と向き合う態勢を整えていく。一九六八年に結成した喜納昌吉&チャンプルーズも活動を再開。奇しくもこの頃、父の喜納昌永《しょうえい》のアルバムに入れた「ハイサイおじさん」が、マルフク・レコードでシングルカットされ、沖縄でヒットし始めていた。

「ハイサイおじさん」を西表島《いりおもてじま》のバスの中で聴き、衝撃を受けたのが夕焼け楽団を率いる久保田麻琴《まこと》だ。本島へ戻ってマルフク・レコードにあった数枚のシングル盤を買い込み、細野晴臣ら東京の音楽仲間に配った。噂と曲は、音楽プロデューサーの三浦光紀の耳にも入り、レコーディングへと話は進んでいった。

クラブ「ミカド」に、沖縄初の二十四チャンネルマルチレコーダーを持ち込んで録音されたのが、デビューアルバム『喜納昌吉&チャンプルーズ』である。A面一曲目はもちろん、「ハイサイおじさん」。一九七七年十一月だった。

復帰後の沖縄音楽史に最大のインパクトを与えた作品を問われたら、多くの人は「ハイサイおじさん」を挙げるだろう。沖縄の大ヒットは本土へも波及した。沖縄民謡のリズムや音階を生かした斬新な楽曲は、久保田や細野のようなプロだけでなく、一般リスナーの耳も引きつけたからだ。間違いなくこの歌から何かが始まった。高校野球沖縄県代表への応援歌としても親しまれ、後の世代にも浸透した。

歌詞は一見、酔っ払いの「おじさん」を悪ガキがからかうというたわいない内容のように見えるが、背景には戦後の貧困に打ちのめされた家族の悲惨な事実が込められていたことは、あまり知られていなかった。

この曲は、喜納が中学生の頃に接した事件から生まれた。隣家で大変なことが起きたらしいという話を耳にして、喜納は学校の帰りに窓の外から室内を覗いた。玄関の脇には、毛布にくるまれた小さな塊があった。首を切られた少女の死体だった。首は、切り落とした母親が大鍋で煮て食べようとしていたという。一九六二年五月二三日に実際に起きた事件である。

娘を殺害した母親の夫は那覇の遊郭へ客を運ぶ馬車の車夫だったが、自動車の普及で仕事を失い、自暴自棄の果てにアルコールに溺れた。錯乱状態にあった母親の凶行は、この無為の夫にも原因があったのだろう。彼こそ、「ハイサイおじさん」だ。

「おじさん」は、「ハイサイ！」と言いながら、喜納の家へしょっちゅう酒をねだりに来ていた。喜納の父が祝いの席でもらってくる一合瓶が目当てだった。父母は無心を断るので、「おじさん」に酒を渡すのは喜納の役回りになっていた。事件の後も「おじさん」は、「ハイサイ！」と酒をもらいにやってきたという。

それにしても、「ハイサイおじさん」は不思議な曲だ。喜納は、不幸に見舞われた「おじさん」へのシンパシーがあったとコメントしているが、歌詞の中に現れる少年は「おじさん」に酒や娘を要求し、ハゲやヒゲを笑い、女郎を買いに行けとからかう。これはいったい、シンパシーなのだろうか。なぜ、中学生の喜納は、惨劇を瞼に焼き付けながら、こんなコミカルで軽快な曲を書いたのだろうか？

喜納は、その後の「おじさん」が村八分に遭いながらも明るさを失わなかったので、その姿に好感を持ったという。貧しさに追いつめられた沖縄の人々の鬱屈を「おじさん」がすべて引き受けたようにさえ見えた。「おじさんと自分が深いところでつながってしまった感がある」（喜納／C・ダグラス・ラミス『反戦平和の手帖』、二〇〇六）と喜納は語る。そして事件から遠くないある日、メロディは「天から降りてきたように」また「地から湧き上がってくるようにして浮かんで」（同前）きた。

別の場で喜納は、「この曲には、根源的な明るさを持つ沖縄の伝統的共同体の魂が、長い戦後の不幸や悲劇に抗して、激しく息づいている。おじさんが象徴した沖縄の生命力が、自分という媒体に『授けた』曲なのだ」（中島鉄郎「悲惨な事件が授けた曲 喜納昌吉&チャンプルーズ『ハイサイおじさん』」、「うたの旅人」『朝日新聞Be』二〇一一年七月九日）とも語っている。

しかし喜納本人の解説も、まだ言葉足らずのように感じられる。彼は不幸な隣人の姿を通して、戦後の沖縄の記憶を復帰後の沖縄へつなごうとしたのだが、そこには奇妙なねじれが生じている。シンパシーは確かにあったのだろうが、どう見てもユーモアの域には押し上げられていない。弱者への打擲のように乱発された言葉は棘《とげ》を含んでいる。

「棘」は怒りだったのだろうか。重く暗い事実をあえて笑い飛ばしてみせた意図的な「ねじれ」は、沖縄の現実への苦い認識（絶望）から来ていたのだろうか。近い世代の歌手たちにはない、喜納の不可解な凄みは、この最初の歌にも現れていた。

唄の街、コザからのメッセージ

喜納昌吉という人物は、ポップスターの資質を持っていたし、その資質を顕在化させるチャンスにも恵まれた。ただ、彼がポップスターとして認知され、時代の寵児になったのは、先に述べたように、嘉手刈林昌という先行例がいたからではないのか。

登川誠仁も照屋林助もポップな要素を持つ達人であることは間違いないが、嘉手刈のようなオーラや孤高のイメージはなかった。竹中はこの唄者《うたさー》にポップスターの役割を課すことに成功した。一九七〇年代に沖縄音楽に光を当て、本土の市民権を獲得するには、どうしても唄者たちの〝センター〟に群を抜くスターが必要だった。そうした意味では、竹中の戦略は間違っていなかった（竹中による嘉手刈の偏重に否定的な意見ももちろんある）。

その伝でいけば、喜納昌吉は次世代の唄者たちのセンターを務めうるポップスターだった。オーラも孤高の存在感もあり、しかもメッセージを自ら発信できる力を持っていた。「ハイサイおじさん」を一曲目に掲げたファーストアルバム『喜納昌吉&チャンプルーズ』と、「花〜すべての人の心に花を」を含むセカンドアルバム『BLOOD LINE』（一九八〇）で、あっという間に最初のピークへ登りつめてしまった。

しかし、喜納自身は早々に本土の音楽業界を見切っていく。静岡県伊豆で行われたセッションで録音されたアルバムがお蔵入りになったこともあったという。また、マネジャーとの意見の食い違いに起因するダブルブッキングが重なったりもした。『BLOOD LINE』の後、喜納はメジャー系音楽業界から一定の距離を置くようになる。彼が自身のメインストリームとして選んだのは、社会運動と政治活動だった。

喜納のホームタウンであるコザは、さまざまな音楽が棲みつくミュージックタウンでもある。コロナ禍のさなか、ＮＨＫ衛星放送の人気番組『街角ピアノ』がコザで収録された（二〇二〇年十二月五日放送）。胡屋《ごや》十字路にあるコザミュージックタウンの一階フロアにピアノを据えて、撮影されたものだ。

女子中学生が二人で弾く「涙《なだ》そうそう」、市内のジャズクラブで弾くプロが披露した「安里屋ユンタ」、米軍基地で働く中年男性が弾きながら歌った「童神《わらびがみ》」……どれも印象的だった。米国・韓国を経て沖縄へたどり着いた女性が歌う「You raise me up」は音楽の十字路《クロスロード》を見せてくれたようで心に残った。人気番組の巧みな演出に乗せられていると知りながら、「ああ、コザにはいろんな歌があって、人がいるんだな」と溜息をついてしまった。

今は人通りも決して多くないコザの街が、隆盛を極めたのは一九六〇年代である。

敗戦後、米軍が嘉手納飛行場と嘉手納弾薬庫を建設すると、多数の米軍兵士が駐留する中で、〝基地の街〟コザが急激に成長したことはよく知られている。米兵の娯楽需要に応じる飲食店に加え、ジャズやロックなどの洋楽を聞かせる店が現れ、日本人演奏者も集まってくる。また併せて、民謡や戦後の新民謡を専《もっぱ》らとする民謡酒場も数多く現れ、勢いそちらの演奏者もコザへやってきた。

音楽産業もコザに拠点を移す。沖縄民謡のレコードを最初に制作したマルフク・

コザ・パークアベニュー

レコードが、戦後に大阪からコザへ移ってきた。先に名前を挙げた普久原恒勇の養父朝喜は、チコンキー・フクバル（蓄音機普久原）の愛称を持つ唄者であると同時に、沖縄音楽の産業化を初めて手掛けたプロデューサーでもあった。

普久原はもともとコザ市に統合された越来村《ごえくそん》の出身であり、嘉手刈林昌もその師にあたる金城睦松《きんじょうぼくしょう》もここから出ている。さらにコザの勢いに引き寄せられるように、登川誠仁や照屋林助もやってくる。戦後沖縄民謡の演奏スタイルを確立したといわれる喜納昌永もすぐ隣の中城村《なかぐすくそん》の出身である。

そして、ベトナム戦争の勃発により、出撃基地を抱えるコザは空前の〝好景気〟に沸く。素人のど自慢大会で登川に見出された知名定男は、当時のコザのミュージシャンや音楽関係者の交流を次のように描いている。

その恒勇さんの「芭蕉布」やった頃（一九六五年発表――引用者）はね、本当にルネッサンスでした。林助さんとか直彦さんとか、恒勇さんとか、あとコウちゃんとか僕とか、毎晩一緒におりましたから。（中略）

毎晩だからあとは話が無くなっても、みんなとにかく集まらんと気が済まない訳です。この場から立ち遅れたくないんですよ。どうしても行けない日は集まる前に「ちーぬーぬーぬ（きのう何の）話しーやたが？」と前もって聞くんです。（中略）それがいわゆるコザ一派になる訳です。そこにはビセカツさんが紛れ込んで来たり、三田信一さんもおりましたね。

（知名定男『うたまーい』、二〇〇六）

興隆期のワクワクするような感じがよく出ている。このとき、まだ十六歳の照屋林賢《りんけん》は彼らの様子をかたわらで見ていたようだ。「音楽はまだ始めていなかったらしい」と知名は書いているが、当人の回想は少し違う。

高校時代、ぼくはもう音楽の道に進むことしか考えていなかった。学校の勉強などそっちのけで、音楽に夢中になっていた。

ぼくは照屋楽器店のレコード・レーベル〈マルテル・レコード〉の仕事を手伝っていた。当時、知名定男さんがマルテルのディレクターのようなことをしていた。定男さんの横にいるぼくは、いつも自分で作曲した楽譜を持っていた。チャンスがあれば、いつでも取り出して聴かせようと準備していた。だれかが「林賢、何か持ってる?」ときいてくれるのを待っていた。定男さんによれば、そのころのぼくは、いつも目がぎらぎらしていたという。

(照屋林賢『なんくるぐらし』、一九九五)

ここが歌の島、沖縄

民謡ブームの黄金期を体験した街は、戦後生まれの若者たちによる次のムーブメント、沖縄ポップスの発信基地にもなった。彼らは民謡調の「ワク」を踏み越えつつ沖縄音楽への愛着を引き継ぎ、彼らの曲もまた沖縄のルーツミュージックであると主張するようになる。

戦後世代の長男格、知名定男は民謡の名人、知名定繁《ていはん》を父に持ち、アップテンポの「スーキカンナー」(惣慶《すーき》と漢那《かんな》、共に金武地区の地名)でデビューした〝天才少年〟だった。一九四五年生まれの定男の三つ下が喜納昌吉、四つ下が照屋林賢である。昌吉は喜納昌永という往年の唄者を父に持ち、林賢は歌漫談ともいうべき「ワタブーショー」で絶大な人気を取った「てるりん」こと照屋林助を父に持つ。三人が三人とも沖縄大衆音楽の名家の御曹司である。

りんけんバンドを率いる林賢の音楽は、昌吉とはやや対照的である。最初のアルバム『ありがとう』(一九八七)には、ヒット曲「ありがとう」や「乾杯さびら」のような祝歌と並んで、父の林助が詞を書いた抒情歌がいくつも収録されている。

歌と笑いのスーパースター林助は、詞作も素晴らしい。許されない恋を歌った「べーるべーる」、望郷歌「生まり島」、四季の祭事を織り込んだ「年中口説」。さりげないウチナーグチの歌詞には、沖縄の感情と自然を宇宙の広がりの中で見ているような感覚がある。このセンスは林賢にも受け継がれている。

昌吉と林賢、チャンプルーズとりんけんバンドは、一方が社会的プロテスト、他方が地球的リリシズムを主軸に据え、沖縄ポップスの両翼を広げることに成功したといっていいだろう。

定男は、一九七八年に自作の「バイバイ沖縄」で本土デビューした。歌詞は〝いかにも〟の沖縄旅情歌だが、メロディと歌唱には僅かな哀調とシニシズムが潜んでいる。戦後大阪の沖縄音楽コミュニティも知る知名は、昭和沖縄歌謡史の生き証人でもある。表も裏も見てきた観察者に特有のアンビヴァレントな感覚は、この人ならではのものだ。

定男はネーネーズのプロデューサーとしても知られる。彼女たちのデビューアルバムは、『IKAWU/イカウー』(一九九一)。収録曲は沖縄民謡と沖縄歌謡が混在し、いずれもウチナーグチで歌われるが、アレンジにはレゲエの風が吹いている。ゆったりと始まる一曲目の「月ぬ美《かい》しゃ」にも感じられるさざ波のようなグルーヴが二曲目の「七月エイサー」で前景へせり出し、三曲目「ヨーアフィ小」、四曲目「テーゲー」の軽やかなハーモニーへ流れ込んでいく。

一九九三年に発表した三枚目の『あしび』には、ボブ・マーリー&ザ・ウェイラーズの「No Woman, No Cry」が収められている。私には、この歌が衝撃的だった。オリジナルの歌詞は、ジャマイカの首都キングストンのスラム街で暮らしたマーリー自身が未来への闘いを宣言するものだが、ネーネーズのカバー曲は、あえてそこから離れ、毛遊び《もーあしび》（歌や踊りを伴う男女の野遊び）で会った男に夢中になり、当てのない約束を心頼みにする女性を描いている。明るく弾むオキナワンレゲエは、片想いを糧に生きる村娘の悲しみも滲ませていた。ウチナーグチの可憐な詞を書いたのも定男だった。

このコーラスグループの功績は、本土の音楽マーケットに沖縄ポップスの確かな「席」を確保したことだろう。それは、九〇年代の「沖縄ブーム」のいちばん分かりやすい要素、治癒力と包容力を備えた女性的な島のイメージを的確に表していた。

ただ、重要なことがもう一つある。沖縄ポップスの成功が「沖縄ブーム」の導火線になっただけでなく、沖縄の人々、中でも若い世代を活気付けたことだ。沖縄のミュージシャンたちは、「沖縄は美しく正しい」というメッセージを歌に託すことにも成功した。「内発的な沖縄ブーム」は、歌から始まったのである。

喜納昌吉の行方

俯瞰して見れば、一九九〇年代とは昌吉・林賢・定男ら一九四〇年代生まれの音楽家が、ワールドミュージックの波に押し出されるように前面へ出て、彼らの父親世代の唄者も巻き込みつつ、「島唄」と総称される新たなポップスのカテゴリーをつくり出した時代だった。

昌吉の七年ぶりのアルバム『ニライカナイ　Paradise』（一九九〇）も、その波動から生まれた作品だ。それまで採り上げることのなかった沖縄民謡をオリジナル曲と並べ、自身の音楽が沖縄の音楽的伝統とつながっていることを示した。また昌永との共演も積極的に行い、「喜納昌永・昌吉親子コンサート」（二〇〇〇）では、昌永の往年の大ヒット「通い船《かよいぶに》」を共に歌ったりした。また昌吉は宮沢和史（THE BOOM）に、大ヒットとなる「島唄」を書くきっかけを与え、沖縄ポップスの全国的ブームにも一役買っている。

ただ、昌吉はすでに音楽家という枠の中にはいなかった。

全国的な認知を得てからほどなくして、彼は沖縄独自の文化やその遺産の継承を訴え、「うるま祭り」や「ニライカナイ祭り」などのイベントを主宰していく。やがてそれらの活動が国境を超え、一九九〇年代には先住民の権利獲得運動や反戦・平和運動のために世界を飛び歩くようになっていった。また一方では、「沖縄独立」や「沖縄の自己決定権」といった政治的テーマを自ら発信する。

そして本人の弁によれば、二〇〇三年のイラク開戦をきっかけに、政治の世界へ本格的に乗り出す決意を固める。二〇〇四年の参議院選挙で民主党から出馬して当選。奇しくも、民主党による政権交代と鳩山首相による「最低でも県外移設」発言に立ち会うことになった。

喜納昌吉は、遠目に見れば、ポップスターに不可欠な過剰な自負心と顕示欲を持つ典型的キャラクターかもしれないが、少し近寄ってみると実に分かりにくい人物である。スピリチュアルな発想の一方で、俗悪な政治の世界にそれなりに溶け込み、露悪的とも見える論理で現実の世界を解いてみようとする。そこそこの実績と名声を得た後も、何か次のものを求めて動き回ることをやめない。

その行動の動機が何かと尋ねたら、おそらく彼は「沖縄だ」と答えるのだろう。歌も平和運動も政治もすべては、あるべき沖縄というビジョンのためである、と。でも、その「沖縄」は本人が思っているよりもずっと巨大な幻影（と言って悪ければ「理念」）であるように見える。

だから、彼の想いはいつでもはぐらかされ、裏切られることになる。デビュー直後の音楽業界との摩擦も、沖縄内外の比較的考えの近い仲間との軋轢も、いったんは同じ屋根の下に集った民主党との衝突も、原因は昌吉の抱えたべらぼうに大きな「沖縄」であるように感じる。

藤田正は、「日本史上初めての『ルーツを持つロック』を創出した喜納昌吉は、その音楽の独自性ゆえに、また同時にその発言が常に社会性を帯びるがゆえに、たった一人で沖縄の文化を背負う『貴重な人物』となってしまったのである」と書いた（『沖縄は歌の島』、二〇〇〇）。

その通りだと思うが、藤田の本が書かれてから二十余年後の今、喜納昌吉がたった一人で背負ったのは、文化に留まらず沖縄のほぼすべてだったことが分かる。それが証拠に、彼の初期の代表作――「ハイサイおじさん」「島小《しまぐゎー》ソング」「花～すべての人の心に花を」――はすでにして沖縄の過去・現在・未来を尽してしまっていたのだから。

戦後の悲惨を奇妙な問答で巡る「ハイサイおじさん」、復帰後の世の中に向けて「（島を）忘《わし》んなよ！」と叫ぶ「島小ソング」、未来の沖縄（世界）に「花を咲かそう」と訴える「花」の三曲を超える歌はついに生み出されていない。

その後の沖縄ポップスは、ときに「島唄」と呼び名を変えて、多くの佳作・名作・傑作を生み出した。BEGINや夏川りみもいるし、沖縄アクターズスクール出身のタレントたち、頂点に君臨する安室奈美恵がいた。二〇〇〇年代のMONGOL800やHYを加えてもいい。りんけんバンドもネーネーズも、メンバーを変えながら、沖縄音楽業界の一角に陣取っている。

でも、喜納昌吉はその中にはいない。彼だけがそこにいない。一九八〇年代に生まれ、九〇年代にかけて「内発的ブーム」の先駆けを務めた沖縄ポップスのいちばん先鋭的な唄者は、その「原型」を保ったまま、今も沖縄のあるべき姿を掲げ続け、たった一人で歌い、語り続けている。

第七章　沖縄幻想を食い破った映画

「ひめゆり映画」の誕生

〝沖縄の映画〟と聞いて、あなたはどんな作品を思い浮かべるだろうか？

亡くなった崔洋一監督の作品を挙げる人もいるだろうし、いっときの売れっ子、中江裕司監督の作品を懐かしむ人もいるだろう。ずっと少数かもしれないが、やや別格の高嶺剛《たかみねごう》監督の名前を口にする人もいるに違いない。それに、一九九〇年代以後は、題名も内容も忘れてしまいそうな、青い海と空を背景にしたファミリーストーリーやラブストーリーが数えきれないほどある。

本書の冒頭にも書いたように、私が初めて観た「沖縄映画」は、大島渚監督の『夏の妹』（一九七二）である。初見では、いったい何を言いたい映画なのか、ほとんど分からなかった。アイドル系の雰囲気を持つ栗田ひろみという女優が、大島映画の常連である怪しいおっさんたち（佐藤慶、戸浦六宏、渡辺文雄、小松方正、殿山泰司……）に翻弄されながら、それなりに奮闘するのがなんとも痛々しかった記憶がある。

さて、皆さんが知っている沖縄映画の話だ。

年配の方なら、一九五三年公開の『ひめゆりの塔』（監督：今井正、製作：東映）をご存知かもしれない。沖縄戦の実態を広く伝えたこの作品は多くの観客を動員し、どん底にあった東映を救ったといわれる。今井監督は、一九八二年に同じ水木洋子の脚本で沖縄ロケによるリメイク作品（製作：芸苑社）もつくっている。また、一九六八年には舛田利雄監督による『あゝひめゆりの塔』（製作：日活）、一九九五年には神山征二郎監督による『ひめゆりの塔』（製作：東宝）もつくられた。戦後沖縄映画の一つの軸が「ひめゆり」にあったことは間違いない（いうまでもなく、それらの大作はすべて本土の作品である）。

映画のストーリーはよく知られているので割愛し、ここでは少しだけ、敗戦直後の「ひめゆり言説」の流布と映画化へのプロセスをたどってみたい。

山田潤治によれば、「ひめゆりの塔」と題されたテキストは三種類あった。第一は、旧日本兵の三瓶達司が捕虜収容所の作業場で島の女性から聞いた話を綴ったもので、本人の与かり知らぬうちに本土で雑誌掲載された。第二は、糸満教会の牧師、与那城勇が生き残りのひめゆり学徒に取材して書いたもので、その意図は、三瓶のテキストに織り込まれていた殉国美談、反米意識、性的含意の修正にあった。捕虜収容所の慰藉に供するために、三瓶はこの三つの要素を強調したらしい。兵士たちは圧倒的な米軍との闘いに臨んだ自身を美化したいと望み、共に死地に赴いた女生徒たちの健気さにセクシャルな要素さえ見出していたのである。

与那城の原稿は、仲介者によって、沖縄出身の作家、石野径一郎に託され、雑誌『令女界』（一九四八年九月号）から連載が始まった。第三の「ひめゆりの塔」は大きな反響を得て、今井作品の原作になった。もっとも、水木洋子は、脚本化に際して石野のテキストを忠実に再現するつもりはなかった。何より大きかったのは、朝鮮戦争勃発で製作が遅延する中、ひめゆり部隊の引率教員の一人、仲宗根政善《せいぜん》による『沖縄の悲劇』（一九五一）が刊行されたことだ。水木は、できあがった脚本を破棄しようと思うほどの衝撃を受けたという。

ただし、本土の観客の認識が、どこまで深まったかは怪しい。ひめゆり学徒たちの信条はあくまでも「殉国」の側にあり、ここからは日本が沖縄で行った差別的政策は見えてこない。今井作品も沖縄の側にたって、日本を批判するものではなかった。結果として、「贖罪」の意識は、沖縄は本土と同じ方向を向いて悲劇を甘受したという虚偽の歴史観から生まれている。水木や今井の工夫によって、「殉国美談」は多少遠ざけられたが、「ひめゆり」の物語は本土側の沖縄幻想の中に係留されたままになった。結局、本土人が身に付けたのは、贖罪という眼差しで沖縄を見るという習性のようなものだけだった。

もちろん、あなたが観たのは「ひめゆり」だけではないだろう。

男っぽい映画の好きな人なら、復帰前後から一九八〇年代にかけて、沖縄映画に「ひめゆり映画」とは無縁の作品群が見え隠れすることに気が付いていたのではないか。

沖縄ヤクザ映画、とでもいうべきものである。

抗争する男たちの系譜

たとえば、復帰直前の一九七一年には、『博徒外人部隊』（監督：深作欣二、製作：東映）という奇妙な作品がある。主人公は零落した「組」のリーダーである郡司（鶴田浩二）。地元横浜ではもうどうにもならないと思い切った彼は、沖縄への侵出を目論み、手下たちにこんな科白を吐く。「戦後の日本のように、新しく縄張りをつくれる場所が一つだけ残っている」。彼が地図で示したのは沖縄だった。

こうして郡司は数名の配下と共に那覇へ乗り込み、「本土の食い詰め者」と嘲られながらもシマの強奪を進めていく。礼節ある侠客が似合う鶴田の、傍若無人の振る舞いにはいささか辟易するものの、この〝本土から押し入るヤクザ集団〟というプロットは強力で、このカテゴリーの「型」のように働いていく。その展開を少しだけ見ていこう。

深作映画といえば『仁義なき戦い』（製作：東映、一九七三）だが、『博徒外人部隊』はいささか残念な作品だった。ところが、中島貞夫監督の『沖縄やくざ戦争』（製作：東映、一九七六）は、本土ヤクザの侵出という同一テーマを扱っているのに、地元ヤクザ同士の対立抗争へ視点を置くことで、人の心が立てる軋みを描き、深みを獲得している。軸になるのは、中里（松方弘樹）と国頭《くにがみ》（千葉真一）というコザの義兄弟同士の煮詰まった関係だ。また彼らコザの「組」と那覇の「組」との一触即発の背後には、侵出の機会を窺う本土ヤクザも見え隠れし、スピーディな場面転換と相まってひりつくような切迫感がある。

また特筆すべきは、国頭が発する凶暴な存在感（千葉の身体の躍動感が素晴らしい）と激烈な沖縄ナショナリズムだ。「（俺は）ヤマトの組の連中から沖縄の国を守りたいだけだ！」。沖縄を「国」と呼ぶ男の、本土へのむき出しの憎悪は、後半、ライバルの中里へ乗り移り、ラストの銃撃戦へ突っ走っていく。

沖縄vs.本土の暴力抗争劇はこの作品をもってピークへ達した感があるものの、その後も多くの追従作品を残した。秀作とはいいにくいが、『沖縄10年戦争』（監督：松尾昭典、製作：東映、一九七八）は直系の作品といっていいだろう。再び松方・千葉が共演したが、前作のような精彩はなく、銃撃戦もどこかおざなりである。

後年、このジャンルと「型」を復活させたのは北野武だ。

監督第二作『3—4X10月』（製作：バンダイ／松竹富士、一九九〇）は、草野球チームの若者二人（雅樹と和男）が銃を買いに沖縄へ向かうという奇妙なストーリーだ。

雅樹が勤めるガソリンスタンドが、ひょんなことでヤクザの大友組に睨まれ、草野球チームの監督（元大友組幹部）が掛け合いにいくも逆にこじらせてしまう。自ら沖縄へ拳銃の調達に行くという監督を押し留め、雅樹と和男が代わりに沖縄へ向かう。

沖縄では、地元の組からはじき出された上原（ビートたけし）・玉城（渡嘉敷勝男）と意気投合し、無事銃を買い付けることができた（組に復讐を企てた上原たちは殺害される）。東京へ戻った雅樹たちは大友組へ押しかけるも逆に返り討ちに遭う。ボロボロになった雅樹は、タンクローリーを奪い、大友組の事務所へ突入する。爆発と炎上……でエンドと思いきや、その一部始終はすべて雅樹の妄想だったというオチがついている。

欧米で高い評価を得た『ソナチネ』（製作：バンダイビジュアル／松竹第一興行、一九九三）も沖縄に絡むヤクザ映画である。

ビートたけし演じる村川興業の村川が、上位の北島組の北島組長に命じられて沖縄の友好組織を支援すべく（気の進まないまま）彼の地へ向かう。北島の話では、ことは簡単に決着するはずだった。ところが、着いてみると敵方の想定外の襲撃に遭遇し、数人の組員を失ってしまう。危険を感じ、人里離れた海辺の隠れ家へ撤退する。しばしの小休止。しかし、村川は事態の成り行きに不審を抱き、北島組長の狡猾な目論見を見抜き、逆襲に打って出る。〝押し入る本土ヤクザ〟という「型」に、身内の裏切りというお馴染みのモチーフが絡み、静謐な緊迫感が突如圧倒的な暴力へ転じる。初期北野映画の集大成とされた所以である。

沖縄幻想を食い破った映画

指摘しておきたいのは、「沖縄ヤクザ映画」に登場する沖縄も、本土のヤクザに都合の良い「沖縄幻想」であることだ。その島は〝戦後のような無法の新天地〟として、また〝暴力がせめぎ合う武闘派の楽園〟として表象されたのである。

ただ北野作品の主人公は、この手前勝手な幻想から少しだけはぐれてしまっている。『ソナチネ』の村川（たけし）は沖縄行にそもそも気乗りがしないし、『3―4X10月』ではストーリー自体が草野球に耽る若者の妄想とされている。ひょっとすると、鋭敏な北野は「沖縄幻想」のマンネリに気付いていたのかもしれない。

さらに敷衍すれば、一九七〇年代以後の本土作品の大半は、実はそれぞれの立場に都合の良い「沖縄幻想」を描き出していたのではないか。例えば、放浪生活に疲れた男女が一時の平穏を得る場所として（『男はつらいよ 寅次郎ハイビスカスの花』、製作：松竹、一九八〇）、南方へ向かう逃走者の起点や中継点として（『海燕ジョーの奇跡』、製作：三船プロ／松竹富士、一九八四）、身分を奪われた男がかつての友情のために闘う場所として（『友よ、静かに瞑れ』、製作：角川春樹事務所、一九八五）。

いや、その前から、日本映画は「沖縄幻想」に深く依存していたのかもしれない。「ひめゆり映画」が良くも悪くも本土人の贖罪意識（一九六〇年代の「沖縄病」もその一つ）を喚起する仕掛けになったことは間違いないし、その共感的人道主義で沖縄を塗り込めた可能性も高い。つまり、「ひめゆり映画」は「沖縄ヤクザ映画」と同じ構造を持っていた、かもしれないのだ。

だから、沖縄の側から、幻想の解体に踏み込む作品が出現したのは画期的な出来事だった。石垣島出身の高嶺剛が一九八九年に発表した『ウンタマギルー』（製作：パルコ）。幻想が現実と、寓意が歴史とせめぎ合い、その軋みがゆったりと流れる時間に呑み込まれていくような感触が斬新だっただけではない。決定的だったのは、従来の「沖縄幻想」が沖縄の外から与えられたものだったのと異なり、『ウンタマギルー』の幻想性が沖縄の内からつくり出されていることである。

この映画の元になっているのは、琉球芝居などで演じられ、人々によく知られた「運玉義留」という義賊の物語である。運玉森《うんたまむい》に住む義留は、金持ちから財を盗み出し、人々に分け与える琉球版鼠小僧次郎吉ともいうべき民衆のヒーローだ。

映画の主人公サンラー（小林薫）は、本土復帰の直前、製糖工場で働く底辺の労働者である。親方の愛妾マレー（本性は雌豚）を毛遊《もーあし》びに誘ったのを恨まれ、親方から槍で脅されて運玉森に逃げ込む。ひょんなことから森の妖怪キジムナーに超能力を授かり、義賊ギルーに転じる。富者の財貨のみならず米軍の武器を盗み、沖縄独立派を支援するが、（やや調子に乗って）「運玉義留」の芝居に自ら出演したところを、執念深い親方の槍に撃たれて倒れる……。ついにギルーもここまでかと思いきや、一連の顛末はサンラーの午睡の夢だった……。

沖縄の芸能・習俗・信仰、さらに島唄もふんだんに織り交ぜたシナリオは、沖縄人が伝承してきた幻想（運玉義留物語）を夢に見るという行為を主筋に設定していた。それは、本土側が見たい「沖縄幻想」に対抗して、沖縄の側が〝見られた夢＝幻想〟から脱け出し、自分の夢＝幻想を対置することを意味していたのである。すなわち、サンラーの一睡の夢は、人生のはかなさを語る〝夢落ち〟ではなく、他者の夢の登場人物が内側からその夢を食い破るというラディカリズムだったのだ。

幻想破りのロードムービー

『ウンタマギルー』以前の高嶺作品にも少しだけ触れておこう。

初期の『オキナワン ドリーム ショー』（一九七四）について、高嶺自身が書いた文章があることを仲里効の著作『オキナワ、イメージの縁（エッジ）』（二〇〇七）で知った。『新沖縄文学』第四三号（一九七九）に掲載された「チルダイ賛歌」というものだ。

まず、『オキナワン ドリーム ショー』について多少の説明が必要だろう。

復帰の前後、一九七一年から七四年まで沖縄本島各所と石垣島で撮影された8ミリ映画で、ナナハンのバイクの後部座席に跨った高嶺が、感じたままに撮った十五時間分のフィルムを三時間ほどに編集した〝ロードムービー〟である。バイクを操った「タルガニ」という人物は、現在は糸満で「キャンプ・タルガニー」という丹精込めた私設美術館（高嶺の絵画作品も展示されている）を運営する大田和人だ。

スローモーションで映し出されるのは、沖縄のごくありきたりの道と街と人の風景。〝いかにも沖縄〟のシンボリックな物象は慎重かつ大胆に除かれている。観客は淡々とスクリーンの中を流れ来て流れ去る日常の時間にまず戸惑い、仕方なく身を浸し、ついで退屈もする。

その映画に触れた人々の反応を高嶺はこう書いている。

> ナンミーの映画と明らかに勘違いしたオジさんを大いにがっかりさせたり。付き合い上帰るに帰れなくなってしまった不運な友人たち。ひめゆりの塔が写ってないと不満げに手に手をとって帰っていった京都の老夫婦。琉球民謡の歌詞の意味が分らないとか、美しい観光地が出てこない

といって、受け付けから入場料をぶん取って逃げていったアヤしげな左翼らしい青年。沖縄の映画というだけで、何を勘違いしたのか数百人の機動隊で上映を活気づけてくれた東京のケーサツの方々。多忙故、サワリだけ見せろといいちゃもんつけるTVのワイドショウのディレクター。風景の死臭を詩集と勘違いしながらも、明るく強く生きようね、と励ましのお便りを下さった人妻。ヌギバイ（無賃入場――引用者）を楽しむガクブリ（過剰な勉強による精神障害――引用者）風のニーサン。ちょっとみてすぐ帰った女友達。

（「チルダイ賛歌」、一九七九）

仲里によれば、「ナンミーの映画」の「ナンミー」は「波之上」であり、その一角でよく上映されていたブルーフィルム（ポルノ映画）のことだそうだ。となれば、「ひめゆりの塔」も「美しい観光地」も「サワリ」も「風景の詩集」もすべて、「ナンミーの映画」と同じ、個々の観客の欲望の対象を指している（機動隊が警戒したのは、沖縄を革命の根拠地として欲望する左派の出没だ）。でも、『オキナワン ドリーム ショー』は、そのような身勝手な欲望／幻想をはぐらかしてしまう。メディアを介して大量に流通するシンボリックイメージを遠ざけるには、なんの変哲もない、さして美しくもない道と両脇の風景に目を凝らさなくてはならない。『オキナワン ドリーム ショー』は、まずはこのような映画の体裁でバリアを張り、その上で高嶺の生まれ育った石垣島川平《かびら》へ、手持ちと思しきカメラを持ち込んでいく……。

次の作品『オキナワンチルダイ』（一九七九）は、ドキュメンタリーとドラマを融合させ、現実と虚構のあわいで、〝沖縄の聖なる気怠さ（チルダイ）〟の行方を問うメッセージフィルム、といったらいいだろうか。コピーを重ねたような粗い映像は、復帰後に押し寄せた「本土化」とそれに対する抵抗感が起こす摩擦を表しているように見える。
眠ってしまいそうな表情の水牛、本土からやってきた中年の不動産ブローカー、新婚カップルと小店のおばぁとの珍妙な掛け合い、キジムナーや惑星人たちを叱るチルダイ撲滅主義者など、短い風景描写とドラマがオムニバスになっている。

高嶺は何度もこう問いかける。〝チルダイがなくなれば沖縄は日本になる。それでいいのか？〟と。復帰によって現実化した本土の沖縄併呑が進行する中、高嶺の危機感は今まで以上に高まっていた。

そして、一九八〇年代にはいよいよ劇映画第一作『パラダイスビュー』（製作：ヒートゥーバーン・プロダクション、一九八五）が登場する。主演は小林薫と戸川純。脇を平良トミ、平良進、コンディション・グリーンのメンバーなどが固め、嘉手刈林昌や照屋林助も顔を出す。つまり、『ウンタマギルー』の〝前身〟のような作品だ（〝愛嬌出演〟の細野晴臣はこの作品のみ）。

主筋は、チルダイな男、レイシュー（小林）とチルー（戸川）の未達の恋物語ということになるのだろうが、それを取り巻く何本かの副筋との高低差はあまりない。

時代設定はやはり復帰直前の沖縄である。本土から来た植物学者イトー（細野）が混血少女ナビーに結婚

石垣島川平

を申し込み、最初は反対していた母親が、復帰の近いことを理由に意見を変えるあたり、レイシューが復帰反対運動に神経を尖らせていた警察に、些細なケンカで連行されるあたりに一九七〇年代の風が吹いている。

レイシューは護送車から脱出し、淫豚草を栽培する洞窟に隠れるが、チルーはその夜、彼がマブイ（魂）を落とす夢を見る。どうやら神隠しに遭ったらしいレイシューは、土を食べて呪力を解こうとするうちに、淫豚草を食べて狂暴になった虹豚に腹を食われてしまう。陽光が照りつける中、内臓を腹から出したレイシューがふらふらと歩き去っていく……。

評価はさまざまにあるだろうが、乱暴な言い方をすると、土俗性と〝夢見る力〟にたどり着いたこの作品は、そこで立ち止まってしまった感がある。〝幻想を食い破る幻想〟のアイデアをかたちにするには、さらに数年の時間が必要だった。『ウンタマギルー』は、『パラダイスビュー』のリニューアルバージョンのように見えて、まったく別の次元に到達している。

再び幻想が幻想を呑む

仲里効は、高嶺へのインタビューの中で、沖縄の映画史を「高嶺以前の映画と高嶺以後の映画」に区切ると口にしている。確かに、「高嶺以後」の沖縄映画には、その影響が顕著に現れた。真喜屋《まきや》力《つとむ》・中江裕司・當間《とうま》早志《はやし》が監督を務めたオムニバス映画『パイナップルツアーズ』（製作：スコプル工房／パナリ・ピクチャーズ／琉映・沖縄、一九九二）はその意味で重要な作品だろう。ある離島を共通の舞台とし、里帰りのオペラ歌手、本土から来た青年、本土リゾート会社の女性ディベロッパーなどが島の人々と珍騒動を繰り広げる。ユタ（霊能者）や不発弾や子宝の神などのローカルな要素が物語のキーになり、地元役者や島唄の歌手が出演し、現実と幻想が継ぎ目なく連鎖する。自主映画出身の三人の監督は、明らかに「高嶺以後」の世界で伸び伸びと映画をつくっている。

この中の一人、中江裕司が後年、『ナビィの恋』（製作：イエス・ビジョンズ／オフィス・シロウズ、一九九九）で沖縄と本土の多くの観客を動員したことを覚えている方は多いだろう。平良とみが演じるナビィが、六十年を経て帰還した恋人サンラーと共に（夫を捨てて）小舟で島を出て行くという奇抜なロマンスである。

すでに当時、「沖縄ブーム」は佳境にあった。最初にこの映画に拍手を送ったのは沖縄の観客だったというから、ナビィの冒険は島の人々の夢だったのだろう。ただ身も蓋もないことをいえば、その〝島の夢〟を呑み込むもっと大きな夢は、本土が仕掛けた「沖縄リゾート幻想」だったのではないか。

この映画であまり注目されることのない、しかしなかなか重要な点がある。

島の「外」からやってくるサンラー（正確には帰島だが）と同じように、「外」からやってくる福之助のことだ。この若い風来坊は、ナビィの家に寝泊まりし、周りのおだてに乗ってナビィの孫娘、奈々子と結婚せざるをえなくなる。祖母と孫娘が、なぜか「外」の男と関係を取り結ぶところに、この映画の幻想の「型」がある。なぜか老婦人は、六十年の月日を経て昔の恋人を受け入れる。なぜか島の人々は、本土から来た不器用な男を島の娘とくっつけようとする。するとマレビトの方は、容認や歓待を当然のことのように見なす。

「高嶺以後」の映画作家である中江は、「沖縄幻想」の政治性にはあまり関心がないように見える。その理由が中江のウッカリなのか。それとも知った上でのチャッカリなのかは、今のところ分からない。

ただ結果からすれば、『ウンタマギルー』の手法を援用し、ニライカナイ（他界＝理想郷）ならぬ洋上の〝ラブトピア〟を望見する『ナビィの恋』は、見事に「沖縄ブーム」に貢献した。青い海と空のリゾートに付加された恋の蘇り伝説（たとえそんなものが存在しなくても）は格好のプロモーションとして観光経済に寄与しただろう。

もちろん、映画もプロパガンダメディアである。そのこと自体は否定できない。ただ、この映画を先頭に、ヤクザ映画とは色合いの違う〝青い海と空〟、〝温かい人のつながり〟、〝聖と俗の境界〟といった類の、本土の「沖縄幻想」を膨らませる映画が次々に製作されたのは確かなことである。

キジムナーのいる映画

それでも、中江の『ホテル・ハイビスカス』（二〇〇二）には少し触れておきたい。本島中部と思しき町の小さなホテルを舞台に、その宿を経営する仲宗根一家と宿泊客や地元の人たちとの交流を描いた作品だ。中江には悪いが、原作の仲宗根みいこの漫画が精彩を放っていて、映画もその彩りにあやかっている。

主人公は末娘の美恵子（蔵下穂波）。年がら年中走り回っては騒ぎまくる元気な小学校三年生だ。ふるっているのは、彼女の家族の多士済々。「ケンジ兄い兄い」と「サチコ姉え姉え」はアメリカ人と日本人の母ちゃんの子でしかも父親は別。ホテルを経営しながら夜はバーで働く肝ったまの母ちゃんは、異なる米兵と二人の子どもを成し、その後日本人の父ちゃんと一緒になった。美恵子はこの二人の子どもである。父ちゃんは、普段はホテルに付帯するビリヤード場の主だが、ベトナム戦争の頃の賑わいはすでにないから居眠りばかりしている。そしてもう一人、これはお定まりというしかない元気おばぁがいる。

この破れかぶれのような家族設定が、作品の成功をなかば担保している。だから漫画も映画も安心して、一人ひとりの振る舞いと全体の絶妙なハーモニーを描くことに没頭できる。

原作をつぶさに見れば、ボクシングに打ち込む兄や、本ばかり読んでいる姉には多少の影が落ちている。彼らアメラジアンの兄妹はアイデンティティの不安を感じ、その解決策を求めている。母親はもちろん父親もそのことを案じ、しかも適度な距離感で子どもたちの自立を待っている。主筋は末っ子の美恵子を追っていくが、実は異父兄妹と父母との適度な温もりのある関係が副筋を形成し、作品に奥行を与えていることは間違いない。

中江の映画の方は、母親を演じた余貴美子が出色である。一家の大黒柱にしてムードメーカーの母ちゃん像は、原作より映画の方で説得力を増した。一家の他の配役はいまひとつ。美恵子はもう少し大人しくてもよかった。

開巻すると、原作の第一話に基づき、本土から流れ着いた「のとじま君」を聞き手に立てて家族のプロフィールを語る導入部があり、その後に「フェンス」「太陽母ちゃん」「美恵子の大冒険」「お盆どぅーい」といったエピソードを並べる、オムニバス風のつくりになっている。

このうち、前二つはケンジとサチコの出生にかかわる話で原作に基づく内容だが、後半二つは中江自身が証言しているようにオリジナル脚本である。

中江は、この後半部について、インタビューで、「美恵子は成長していかなければならない。ですから、後半部分の冒険するところもお盆のところも原作にはないんですけど、美恵子を成長させるために必要でした」と語っている（『すばる』二〇〇三年七月号）。また、「原作では、『サザエさん』と同じように、美恵子が絶対に成長しないんです。それはそれで良さはあるけど、映画はそれでは成り立たない」(同前)とも述べる。

少し補足すると、このオリジナルシナリオによって原作のストーリーに大きな変更がなされた。「美恵子を成長させるためには、かあちゃんがどこかに行くしかない」(同前)から、「アメリカに、昔の男に会いにいくんだよな(笑)」という筋書き上の〝解決〟が講じられた。ちなみに原作には、サチコがアメリカ行きの希望を洩らすシーン(「うちパーパーの国……見てみたい」)があるのだが、実際の渡米は行われていない。

中江のシナリオは、母の不在に打ちのめされた美恵子が農作業の手伝いに行った父を追いかけ、道に迷って不思議なおじぃに会うという「大冒険」を挟んで、母のいないままのお盆のエピソードを語る。しょげ返った美恵子は、夜のブランコで多恵子と名乗る見知らぬ少女と会話した後、「マブイ(魂)を落として」失神する。祖母のまじないで蘇生した美恵子に向かって父は、多恵子とは死んだ美恵子の姉であると告げる。

オリジナルシナリオの巧拙はともかく、この改変には中江の欲望や幻想に対する考え方がよく現れていると思う。原作のサチコは実の父への気持ちを口にするが、欲望の実現を母親にせがんでいるわけではないし、母親も娘の心情を柔らかく受け止めるものの「昔の男に会いにいく」ことはない。欲望とは実現に向かってひた走るものだという思想は仲宗根の原作には見当たらない。

そもそも、美恵子＝子どもは「成長していかなければならない」という観念は、映画の方法論としても社会思想としても普遍的なものだろうか。誰かにとって都合のいい観念は、その誰かの幻想であり、その押し付けでもあることは実は子どもでも知っている。美恵子はそんな幻想によって、母親から引き離され、「大冒険」を強いられ、挙句にマブイを落とし、聞いたこともない姉の亡霊に引き会わされる……。いうまでもなく、これはその時々に沖縄が被ってきた例の「沖縄幻想」によく似ている。

実は仲宗根の原作には、その手の幻想を携えてやってくる人々への軽い〝いなし〟も用意されていた。観光パンフレットのような島を妄想してやってきた青年。不安定な関係をごまかすためにパッケージツアーで転がりこんできた若いカップル。かと思うと、軍の任務で沖縄に立ち寄るのを機に息子との面会を求めるケンジの実父。彼らはやんわりと、自身の幻想の身勝手さをこの家族から知らされ、逆に少しだけこころを軽くして帰っていく。

もし映画が原作にもっと近寄っていれば、『ちゅらさん』放映の翌年、我々はもう一つの優れた家族映画を観ることができたのではないかと、ないものねだりをするのは、私ぐらいかもしれない。

ヤギの逃走、ジュゴンの不在

ここまで見ていただいたように、どんな形式であっても、沖縄を表象する行為が、付与された幻想から自由であるのは難しい。いつもそこには、他者や自分の手による幻想がとぐろを巻いているのだ。だから、多くの沖縄映画は、これらのやっかいな幻想とのあらがい／おりあいを気にかけるうち、余計なものをたくさん抱え込んでしまうきらいがある――仲村颯悟《りゅうご》が十四歳で監督した『やぎの冒険』（製作：「やぎの冒険」製作委員会、二〇一〇）という映画を観て、そんなことを考えた。

那覇に住む少年が一人で路線バスに乗って、北部本部《もとぶ》半島の今帰仁《なきじん》へ向かう。運転手が「お前、一人か？」に黙ってうなずく少年。車窓を流れる58号線沿いの風景。やがて眠りにつく子どもっぽい顔。

バスを降りると村会議員の選挙だろうか、男が一人で軽トラの荷台に乗って選挙演説をやっている。基地の受け入れが村の発展につながると持論を述べると、少年二人が爆竹を投げ付ける。わずかに顔を覗かせるポリティカルな意図がなんだか可笑しい。

　ストーリーが動き出すのは、祖父母の家で飼っていた一方のヤギ「ポチ」が売られ、村のイベントに供されたことを少年が知ってからだ。もう一方の「シロ」も同様の運命にあるのを知って、少年はヤギを逃がす。そこから始まる人とヤギの追いかけっこをカメラも追う。他愛ない小さな小さな事件を通して、少年が今まで知らなかった沖縄の手触りを感じる様子がつかまえられている。

　ここにはまだあれこれの幻想が貼りつく前の、素肌のような沖縄があるように見える。イノセンスなのか、ひどく手際のいいテクニックなのか、そのときは判断がつかなかった。

　仲村が五年後に撮った『人魚に会える日。』（製作：『人魚に会える日。』製作委員会、二〇一六）は、「基地問題」をテーマに小さなホラーを仕込んだ見せ場の多い映画だ。基地反対・ジュゴン救出運動にのめり込み、心神喪失（マブイ落ち？）した級友（結介）を助けようとする男女二人組（裕人とユメ）の高校生が主人公格である。

　真正面から「普天間基地の辺野古移設」を取り挙げている。プチホラームービーという仕立てのため、辺野古は「辺野座」と変えてあるが、登場する若者たちが口々に語るのは、本物の「普天間・辺

今帰仁

野古」問題である。

「残すのも反対、移すのも反対なんて訳わからん、そんなこと言うのはナイチャーさぁ」

こんな科白も飛び出す。

彼らが拠って立つのは、残すか移すかの二択しかないというリアリズムであり、もし移して海を壊すなら、その代償を払わざるをえないというモラルである。そこから「生贄」という言葉が転がり出す。

沖縄が戦後史の中で負わされた役割を知ってか知らずか（仲村はちゃんと知っているだろうが）、もう一度自らが「生贄」を買って出るという着想に私は意表を突かれた。こんなことを映画で語った前例は、たぶんまだない。それを知っているかのように、ユメは躊躇することなく、自ら「生贄」の役割を買って出る。

仲村の映画には、「沖縄ブーム」の頃に頻出した沖縄的な表徴がほとんど現れない。高校生はいかにもあたりまえの高校生であり、東海岸の海も特段ブルーなわけではない。こういっては何だが、津《つ》波《は》信一《しんいち》・川満聡など手練れの役者や歌手のＣｏｃｃｏは存在感が強すぎて浮いてしまった。仲村の脚本と演出だけで、この作品は映画になっているからだ。

沖縄映画は、明らかに一度尾根へたどり着いたものの、ついにピークを極めないまま、下山の途も見失ってしまったように見えていた。あるときから、本土側の「沖縄イメージ」に真正面からぶつからないようにしてきたためか、何が伝えるべきイメージかを見失ったように感じていた。

だから、仲村のケレン味のない作品を面白く観た。映画監督の「将来性」を見抜く才はないので、この人が何をどこまで達成しそうなのかは見当がつかない。でも、彼が小さな力で沖縄から外に向かって、固有の幻想を押し出そうとしているのはしっかり伝わってきた。

第八章　沖縄チームの甲子園

沖縄人たちの甲子園

私の父は青年時代に野球をやっていた。むろん戦前のことである。祖父が台湾総督府の役人だったため、父は台湾で生まれている。台南の小学校で野球の面白さを知り、台北第一中学校（現・台北市立建国高級中学）で野球部に入った。現在の全国高等学校野球選手権大会に当たる、全国中等学校野球大会の台湾予選で、決勝に進出した嘉義農林学校（現・国立嘉義大学）に敗退したと悔しそうに語っていた。ポジションはピッチャーだった。

ところが、彼の野球遺伝子は息子を完全にパスしていったようで、私は野球の才にまったく恵まれなかった。打撃も守備もダメだった。すると観る方もさっぱり興味が湧かず、今でもテレビで野球を観る習慣がない。

それでも、沖縄チームの甲子園の試合は観る。勝てばうれしいし、負ければ悲しい。ここのところ、なかなか勝てない彼らを見ながら、沖縄の人たちのいかにも悔しそうな顔を思い浮かべたりもする。なにせ、沖縄人の野球好き、中でも高校野球好きはハンパではないと聞かされたからだ。

甲子園大会で沖縄のチームの試合が始まると、那覇の国際通りから人（少なくとも地元民）が消える、国道58号線がガラガラになる、取引先へ電話しても出ない、みんなどこへ行ったんだろうと思って食堂を覗くと、店内にはテレビにくぎ付けの客がぎっしり。なんとか空いている席に座ったものの、店員はちっともオーダーを取りにこない……。

この手の「沖縄高校野球あるある」は数えきれないほど存在するようだ。

なるほど、そうかもしれない。ただ、そもそもなんで沖縄の人たちは、そんなに高校野球が好きなのか？

その理由について明確な説明を聞いたことはない。

地元にプロ野球の球団がないから？　ふだんは眠っている連帯意識が目覚めるから？　それとも、対本土の戦いに血が騒ぐから？　どれも外れてはいないと思うが、もう一つ霧が晴れない感がある……。「なぜ、ウチナンチュは高校野球が好きなのか？」――この「？」を頭のどこかに置いて、復帰後の甲子園大会を中心に熱戦の記憶をたどり直してみよう。

数ある甲子園の名勝負で、もっとも熱狂度の高かったゲームはどれなのか？　いくつかの資料や証言からみると、「復帰」を挟んで二つの試合が浮かび上がる。

一つ目は、一九六八年夏の大会、岐阜南（三岐・岐阜）と戦った興南の二回戦だ。岐阜南に初回4点を取られながら徐々に挽回し、八回裏に一気に4点を奪って逆転した。主将の我喜屋優《がきやまさる》は一回戦ではノーヒットだったが、この試合では五打数三安打の活躍を見せた。

これが沖縄勢初の二戦突破となり、勢いづくチームは海星（西九州・長崎）、盛岡一（北奥羽・岩手）を倒して、なんと予想外の準決勝（対興国［大阪］）まで進んだ（興南0-14興国）。「興南旋風」は島を史上空前の熱狂に呑み込んだ。

二つ目は、一九七五年のセンバツ、豊見城《とみしろ》対東海大相模（神奈川）の準々決勝だ。猛将、栽弘義《さいひろよし》監督率いる豊見城は、エース赤嶺賢勇《あかみねけんゆう》が東海大相模打線を八回まで四安打、十一三振に抑える一方、相手のエース村中秀人に十三安打を浴びせた。スコアこそ1-0だったが、流れは豊見城に傾き、九分九厘勝利をおさめたかに見えた。

しかし九回裏、東海大相模は2アウトから四番津末英明（元・日本ハム、巨人）の二塁打、続く五〜七番のヒットで逆転サヨナラ勝ちをもぎ取った。そのとき、アルプススタンドを埋め尽くした沖縄の応援団は、総立ちのまま言葉を失った。

二つの試合は、沖縄の高校野球のみならず、沖縄人の「本土」に対する意識もいくぶんか変えた。特に豊見城と東海大相模（原貢・辰徳の親子鷹チーム）との熱戦は、サヨナラ負けの口惜しさもあって語り草になった。沖縄ナインは、この辺りからもう辺境の弱小ではなかった。上位の一角に食い込む実力と（「あと一歩」の脆さも併せ持つ）話題性豊かなチームになっていた。沖縄人たちは、事あるごとに見せつけられた「本土」の圧倒的優位に、一矢報いる可能性を甲子園の熱狂の中で見出したのである。

一九八〇年代の攻防

続く一九八〇年代は、豊見城から転任した栽監督が率いる沖縄水産が力を付け、比屋根吉信《ひやねよしのぶ》が監督を務める興南と、一九八三〜八六年の夏の県大会決勝で対戦するなど、激しいつばぜり合いを演じた時期だった。

興南は、一九八〇年夏のベスト8を皮切りに、八一年春夏、八二年夏、八三年春夏と四年連続で甲子園出場を果たす。一方沖縄水産は、栽の強化策が実って八四年から五年連続で夏の大会への出場を勝ち取った（八六年は春夏出場）。一九八八年には、二十年前の「興南旋風」以来のベスト4を実現している。

この時期、栽と比屋根、沖縄水産と興南とは犬猿の仲だったという。特に栽は比屋根を宿敵と見なし、ときに感情的な言葉さえ吐いたらしい。

松永多佳倫《たかりん》によれば、背景には豊見城が一九七五年のセンバツに出場したときの出来事があった。兵庫県尼崎市出身の「沖縄二世」である比屋根は、関西の土地鑑もなく高校球界にも疎い初出場の豊見城を情報面・環境面からサポートした。栽は比屋根の貢献を認め、信頼を寄せた。それだけに、一九七六年の興南への監督就任は許せなかった。比屋根は当然ながら「打倒豊見城」を掲げざるをえない。二人の対抗意識は熱を帯びた。

ただ少し引いて見れば、一九八〇年代の興南と沖縄水産の競い合いは、沖縄高校野球のレベルアップに貢献した可能性がある。栽は持ち前の負けん気と直観的な戦略・戦術に長けた勝負師だが、比屋根は名門・報徳学園（兵庫）出身、西濃運輸で社会人野球も経験した緻密な指導者だった。また栽は、この時期の高校野球に「革命」をもたらした池田高校（徳島）の蔦文也監督に心服し、パワフルな打撃を生む蔦流の技術（筋トレ＋フルスイング）を導入していた。二人の多少色合いの違う野球のぶつかり合いが、沖縄チームに活気を与え、結果的には沖縄水産の一九九〇〜九一年夏の連続準優勝につながったともいえそうだ。

沖縄の監督たち

沖縄高校野球の歴史を紐解くと、栽弘義の存在感はやはり群を抜いている。糸満高校から勇んで中京大学へ進学するものの、実力の差を見せつけられ、さらに沖縄人ゆえの差別に遭って野球部を辞め、教員資格を携えて沖縄へ戻った。

二番目の赴任校豊見城で、四年連続ベスト８（七五年春、七六〜七八年夏）を達成した後に、やんちゃで有名だった沖縄水産へ転任し、もっとも栽らしいチームを育て上げた。一九九一年、二度目の夏の甲子園決勝では、右肘の激痛を抱えるエース大野倫《りん》に最後まで投げさせ、批判も浴びた。手段を尽くして勝利を追求する闘将は、土壇場ではまるで投手と心中するかのように見えた。はからずも、この人物の野球美学の一側面が現れた場面だった。

そんな栽が選手の指導でもっとも重視していたのは、沖縄人気質《きしつ》の払拭だった。「てーげー（大体、おおよそ、そこそこ）」や「なんくるない（なんとかなる）」のアバウトな楽観主義は、試合では相手チームを叩き潰さず手を緩める中途半端さになりかねない――栽はこう考え、そんなローカルな心性を叩き出すべく、しばしば選手に鉄拳も見舞った。

殴って殴って張り倒す栽の指導法がそのまま継承されたわけではないが、沖縄の監督たちの言説は、沖縄人気質を弱点とする見方ではほぼ一致していた。

下川裕治は八重山商工の野球を見て、彼らが弱体のチームと対戦しても、相手を徹底的に追い込んだりしないことに気付き、「沖縄の人々の優しさと甘さを感じとってもいた」（下川裕治＋仲村清司著編『新書 沖縄読本』、二〇一一）。確かめるべく当時の監督の伊志嶺吉盛《いしみねよしもり》に尋ねると、こんな答えが返ってきた。

「そう。勝てそうといった手応えを感じたら、手を抜いちゃう。それが私の性格なんですよ。チームのカラーは、監督のカラーっていいますからね。私と生徒たちの性格なんですよ」（同前）。

また同様の質問に、浦添商業などで監督を務めた神谷嘉宗《かみやよしむね》はこう返している。

「島の子どもは優しいんですよ。甘いといえば甘いんですけど。もう、このへんでいいだろうって、どこかあっさりしたところがある。これが直れば、沖縄の高校野球はもっと強くなるんですがね」（同

郵便はがき

料金受取人払郵便

麹町支店承認

6246

差出有効期間
2024年10月
14日まで

切手を貼らずに
お出しください

1 0 2 - 8 7 9 0

1 0 2

［受取人］
東京都千代田区
飯田橋２－７－４

株式会社 **作品社**
営業部読者係　行

【書籍ご購入お申し込み欄】

お問い合わせ　作品社営業部
TEL 03(3262)9753／FAX 03(3262)97

小社へ直接ご注文の場合は、このはがきでお申し込み下さい。宅急便でご自宅までお届けいたしま
送料は冊数に関係なく500円（ただしご購入の金額が2500円以上の場合は無料）、手数料は一律30
です。お申し込みから一週間前後で宅配いたします。書籍代金（税込）、送料、手数料は、お届け
お支払い下さい。

書名	定価　円	
書名	定価　円	
書名	定価　円	
お名前	TEL　（　　）	
ご住所 〒		

フリガナ
お名前

男・女　　　　歳

ご住所
〒

Eメール
アドレス

ご職業

ご購入図書名

●本書をお求めになった書店名

●ご購読の新聞・雑誌名

●本書を何でお知りになりましたか。

イ　店頭で

ロ　友人・知人の推薦

ハ　広告をみて（　　　　　　　　）

ニ　書評・紹介記事をみて（　　　　　）

ホ　その他（　　　　　　　　　　）

●本書についてのご感想をお聞かせください。

購入ありがとうございました。このカードによる皆様のご意見は、今後の出版の貴重な資
として生かしていきたいと存じます。また、ご記入いただいたご住所、Eメールアドレス
、小社の出版物のご案内をさしあげることがあります。上記以外の目的で、お客様の個人
報を使用することはありません。

前)。

そんな沖縄人気質を追放し、チームに高いレベルで冷静さと合理性を植え付けた監督が、興南の春夏連覇(二〇一〇年)を達成した我喜屋優であることは間違いないだろう。

一九六八年の「旋風」の主人公は、高校卒業後は社会人野球で活躍し、二〇〇七年春に母校の監督に就任した。その指導は、一方で片付け・服装・作法・観察・散歩などによる生活習慣の改善であり、他方で「興南アップ」に代表される実践的で周到な練習法だ。

勝利は、〝大体のところはなんとかなる〟世界のものではない。我喜屋は選手たちに、決められた型を守って着実に課題をこなすやり方を教えた。すると低迷していた興南野球部は、いつの間にか負けないチームになっていた。中村計によれば、「九回が終わると勝ってる」と選手たちは口にした。あの甲子園春夏連覇のときでさえ、エース島袋洋奨《しまぶくろようすけ》は、「気づいたら勝ってました」と語ったらしい。それは選手たちの無我夢中を表していたのではない。無駄なく隙なく整然と鍛え抜かれた〝チーム我喜屋〟のこころのスタイルだった。

沖縄式野球vs.本土式野球

結論めいたことを言えば、沖縄の高校野球は「なんくるない」をはじめとするローカルメンタリティを駆逐して強くなった、ということだ。ベースボールという米国産グローバルスタンダードの世界で、それは自然な出来事だし、甲子園の熱狂を通して沖縄人が喜びや誇りを得たとすればそれも良いことだろう。

ただ沖縄の高校野球が洗練され〝内地化〟されて強くなることに違和感を持つ人もいる。

例えば先の下川は、伊志嶺監督や神谷監督の言葉を聞いて、沖縄高校野球の〝特質〟を理解したものの、「いつもこの問題が引っかかっていた」（同前）と書く。「沖縄の高校野球チームが強くなっていく……。それは沖縄の人々にしたら嬉しいことだ。しかし、そのためには、なにかを失っていかなくてはならない。突き詰めれば、そういうことだった。高校野球の『沖縄問題』だったのだ」（同前）。

下川が例に挙げたのは、二〇〇八年のセンバツ、沖縄尚学と望星学園（埼玉）との決勝戦である。沖縄尚学打線は三回までに6点を叩き出し、五回にはさらに3点を追加する。投手の東浜巨《ひがしはまなお》は積極的に内角を攻め、相手の得点を許さなかった。沖縄のチームに特有の「甘さ」はみじんもなかった。下川はこう書く。「六対〇から九対〇にする。勝負に勝つという意味では、盤石の試合運びである。そのシーンを眺めながら、僕は、『沖縄のチームは変わった』と呟いていた」（同前）。

沖縄尚学の勝ち方に〝変化の予兆〟を感じた下川は、二〇一〇年、興南が夏の大会の決勝戦で見せた戦いぶりに予兆が現実化したことを知る。東海大相模（神奈川）を相手に四回に7点を入れた興南は、五回に1点、六回には5点を加えた。東京中野の沖縄料理屋でテレビ観戦をしていた下川は、手をゆるめず相手を追い詰めていく興南の野球に少々当惑していた。

下川のような感じ方は、私にも分からないではない。ただ、「優しさと甘さ」の役割をもっぱら沖縄に課し、それらを美質として維持せよと求めるのは無理がある。それもまた本土の沖縄に対する勝手な思い込み（いわゆる「沖縄イメージ」）だろう。

時代と論者を違えて、もう少しこのテーマを考えたい。

例えば池澤夏樹は、一九九九年センバツの沖縄尚学の優勝のことを書いている。二〇〇八年の優勝では監督を務めた比嘉《ひが》公也《こうや》が投手として活躍した大会である。

池澤は、水戸商業（茨城）との決勝の日、那覇にいた。勝利が決まると人々は続々と街へ繰り出してきた。誰もがうれしくて仕方がないという顔をしていた。

では、なぜうれしいのか。池澤はこう書いた。

沖縄の野球がヤマトの野球に勝つことができれば、沖縄は晴れて日本の一員になれる。だから「悲願」なのだ。狭い日本に割り込むのではなく、日本の精神的領土を、沖縄を含むところまで広げる。沖縄的なものの考えかた、ふるまいかた、生きかたが加わって、日本が豊かになる。

その意味では、今回、本当の対決相手は水戸商業ではなくPL学園だったたと思う。あの試合に勝った時点で、沖縄式の（沖水の栽監督をはじめとするここの野球人が培ってきた）野球が、いわゆる野球名門校のいかにもプロっぽい野球に勝った。あの場ではPLはヤマト代表だった。

（「のびのび野球と『悲願』」、『沖縄への短い帰還』、二〇一六）

池澤の図式では〝沖縄式野球vs.本土式野球〟であり、

野球見物（宜野湾市）　©うすいひろゆき／PIXTA（ピクスタ）

「沖縄式の野球」は、プロっぽい「本土式の野球」と対照的な素人っぽい野球とされている。その対置も分かりやすいが、沖縄尚学の金城孝夫監督の指導方針は（栽監督の直弟子である以上）沖縄人気質からの脱却（つまり本土式の追求）であったことは間違いない。

「あの時、日本全体が沖縄を応援していた」（同前）のはその通りだろう。右足をテーピングしてマウンドに上がった比嘉は、一人で二一二球を投げ切って観客の胸を熱くした。池澤が沖縄尚学のスタイルを評して言った「のびのび野球」は、確かに本土のファンのこころを打ったのだ。でも、沖縄離れを目指すチームの野球が、それでも〝沖縄の風〟を感じさせるものに映ったとすれば、いったい「沖縄式の野球」とは何を指しているのだろうか。

うわべを装ってもすぐに剝がれて地を露わにするまがい物に喩えるのか。撓《たわ》めても手を離せば元通りになるしなやかで強靭な樹木に喩えるのか。見方と語り方によって印象はまるで違うだろう。少し回り道を許してもらえるなら、沖縄出身のプロ野球選手を例にこのあたりのことを考えてみたい。

大成しないプレイヤーたち

まず採り上げるのは、〝沖縄出身の野球選手は大成しない〟というジンクスである。

そういえば、『ちゅらさん』には、恵里が通った「那覇北高」の野球部に、与那原誠《よなばるまこと》（演：当時DA PUMPの宮良忍）というヒーローがいた。エースで四番の彼は、マネジャーの恵里に想いを寄せていた。

県大会決勝では敗退したが、大阪のギャラクシー電気に就職し、社会人野球の道へ進むものの、右腕の故障で断念。大阪本社から回された東京の営業所では、はかばかしい成績を上げられず、ウチナーグチを気にして、すっかり無口になってしまう。右腕は手術すれば治る可能性もあったようだが、早々に野球を諦めて沖縄へ帰っていくあたりは、とことん追求せず諦めてしまう沖縄出身選手の似姿だったのかもしれない。

もちろん、大成したプロ選手がいないわけではない。

三大レジェンドといえば、通算一一九勝の安仁屋《あにや》宗八《そうはち》、日米通算一〇六勝の伊良部《いらぶ》秀輝《ひでき》、打者では通算一四一九安打、二六九本塁打を打った石嶺和彦だろう。伊良部は沖縄の高校の出身者ではないが、安仁屋は沖縄高校で一九六二年夏に甲子園に出場（一回戦敗退）、石嶺は豊見城高校で一九七七年夏と七八年夏のベスト８ナインの一員だった。

〝沖縄出身選手は大成しない〟という言説の背景には、沖縄出身選手の人数が多いという事情もあるという。各都道府県の出身選手の人数とその地域の総人口との比率を見ると、沖縄は圧倒的に高いことが分かる。二〇一九年の数値だが、東京都は約三二万人に一人、大阪府が約一一万人に一人なのに対し、沖縄県はなんと約五万人に一人がプロ野球選手なのだ。

まさに野球王国！　ただ、人材の多い割には超一流まで昇りつめる選手は少ないという印象を与えてしまっているということだろう。

なぜ、沖縄出身選手は大成しないのか。

実はプロ野球の世界でも、その原因を「沖縄人気質」に見る人は少なくないらしい。中村計によれば、関西球団の某スカウトは、ボーダレスの現代では地域由来の気質差などないと言いながらもこう語った。

「ただ、沖縄の子だけは、優しいイメージがあるなあ……。沖縄の子の身体能力は、ほんまにすごいんやけどな。ほれぼれする。新垣なんて、あんなの本州にはおらんやろ。でも、沖縄ということで評

価を差っ引かざるをえない」（中村計「沖縄人の『なんくるないさ』が弱点? 新垣渚が断絶すべき〝負の歴史〟。」、二〇一〇）

新垣とは、沖縄水産の主力投手として一九九八年のセンバツと夏の大会に出場した新垣渚《あらがきなぎさ》である。甲子園では、共に一回戦で敗退したが、超高校級の投手として松坂大輔と共に注目を集めた。卒業後は九州共立大学へ進学し、大学球界を代表する右腕として活躍した。

ドラフト会議では福岡ダイエーホークスから自由獲得枠指名を受けて入団し、二〇〇四年から二〇〇六年まで三年連続で二桁勝利を達成、一五〇キロを軽く超える速球とキレのあるスライダーはパ・リーグの打者をうならせた。

その新垣が二〇〇七年から急に制球力を失い、暴投を繰り返すようになる。この年には一シーズン二五暴投というプロ野球新記録をつくり、王監督からも「暴投王」と呼ばれる始末だった。原因については、シュートを覚えたために得意のスライダーの球威が落ち、これがメンタルに影響したという説がある。その後も本格的に復調することなく、交換トレードで東京ヤクルトスワローズへ移籍。当初はＦＡを取得してホークスに戻ると語っていたが、勝ち星に恵まれず、暴投も多発した。二〇一六年、戦力外通告を受け、この年引退した。新垣の渾名は「なんくるないさ」の語呂合わせのような「なんくる渚」。本人もブログでこれをキャッチフレーズに使っていた。

石嶺和彦の沖縄流野球人生

「なんくるないさ」は、沖縄野球人の弱点とされ、新垣はその典型のように扱われたが、この言葉の持つ奥行（すなわち沖縄人気質の奥行）はそれほど浅いものではないだろう。たとえばレジェンドの一人である、石嶺和彦。高野勲によれば、彼は何度かの試練を「なんくるないさ」で乗り越えてきた選手のようなのだ。

石嶺の野球人生は紆余曲折の連続だ。

少年野球時代から捕手を務めていたが、高校で左膝半月板がずれることがあった。栽監督はその事情も知っていたため、社会人野球へ進むことを勧めたが、本人は阪急ブレーブスへの入団を決める。案の定、左膝の故障に何度も泣かされ、一九八三年には捕手を断念した（本人は元々このポジションが好きではなかったと語っている）。

しかし、この最初のピンチがチャンスになった。一九八五年、代打としてパ・リーグタイ記録の六本の本塁打を打ちブレーク。翌一九八六年には指名打者の座を獲得し、五六試合連続出塁を果たすなど大活躍した。

ところが、暴飲暴食の不摂生が祟ってこの年のオフに急性肝炎と診断されて入院、年明けまで安静の状態が続いた。それでも、選手生命を危ぶまれたこのシーズン、石嶺は開幕から打ちまくり、九月には六試合連続本塁打。年間を通しても自己最高の成績を収めた。五〇〇ミリリットルの点滴を打ってグラウンドへ出るため、「点滴パワー」の見出しがスポーツ新聞に躍った。

しかし、安住は許されなかった。一九八八年に門田博光が新生オリックスブレーブスに入団したため、指名打者の〝指定席〟が失われたからである。それで「外野を守ろう」と腹を括ると、これが好結果につながる。一九九〇年には、デストラーデや清原和博と最多本塁打のタイトルを争い、最終的には打点王を獲得。また守備では、リーグ最多の補殺一四を記録した。

なんという強運！　なんという精神力！　いや、なんという楽観主義だろう！

幾度か見舞われたピンチをやり過ごし、チャンスへ転じた石嶺にも、新垣とは一味違う「なんくるない」の雰囲気がある。彼は沖縄人気質を〝禍を福へ変える才〟として活かす、方向転換装置のようなものを持っていたのかもしれない。そうか、ひょっとすると、沖縄の高校野球が一貫して目の敵にしてきたローカルメンタリティには、実はもっと別の活用法があったのかもしれないのだ……。

もう一つのベースボールスタイル

この辺で、一つ提案をさせていただきたい。

沖縄の高校野球は「なんくるない」を駆逐することで強くなったと言われるが、プロに行くほどの技量を持つ選手でも、そのローカルメンタリティを滅却できないケースがある。一方、少数かもしれないが、「なんくるない」を武器に見事な野球人生を歩んだ人物もいる。ということは、従来のメンタルトレーニングは唯一絶対ではないかもしれない……ということになる。

素人の戯言にすぎないが、上記の池澤の観察のように、沖縄の野球がついに沖縄式を出ないなら、そちらへ開き直る手もあるのかもしれない。沖縄が本土を真似るのではなく、野球の風土に沖縄式も加えるという手だ。

そのために、ここいらで本来の沖縄式野球（沖縄人の特徴を最大限活かせる野球）をつくり出すプロジェクトを起こしてはどうか。高校生は三年で卒業していくから、もっとロングタームで、個々の高校チームを超えて（沖縄中の知恵も集めて）沖縄式野球の魂を追求する。名付けて「沖縄ＪＯＴＯ野球プロジェクト」。ちなみにウチナーグチの「じょーとー」とは、今でいう「いいね！」。沖縄人が惚れ惚れするような野球を観てみたい。

締めにもう一つ高校野球のエピソードを付け加えておこう。モダンスタイルが沖縄高校球界を席捲する直前に、異彩を放ったチームのことだ。二〇〇〇年夏、県大会で沖縄水産を倒し、一九六〇年のセンバツ以来、四十年ぶりに甲子園に行った那覇高校である。

このチームは、一瞬ではあったものの、野球の風土を拡張する可能性を見せ、観衆を魅了したように思う。

強豪中京商業（岐阜）の猛打を浴びながら一点に抑えたエース成底和亮《なりそこかずあき》の粘投に応え、打撃陣は延長戦の末勝ち越し点をもぎとって初戦を突破した。

同校が話題になった理由は、このしぶとさだけではない。左投げの捕手や三塁手、アッパースイングの一番打者、極端にかがんだ姿勢で「ダンゴムシ打法」と呼ばれた代打など、現代野球の常識を破る選手たちの姿が型破りだったからだ。

彼らの「個性」を引き出し伸ばしたのは、当時三十歳の同校ＯＢ、池村英樹監督。野球を目的に入学する生徒などいない那覇高で、限られた〝人材〟の自主性を認め、池村一流の野球センスをまぶした結果、一風変わったスタイルのチームをつくり出した。強い野球だけでなく、〝違う野球〟もやれるという沖縄チームの「幅」を見せてくれた彼らの功績はもっと認められていいと思う。

このあたりで、冒頭で掲げた「なぜ、ウチナンチュは高校野球が好きなのか？」に私見を述べておきたい。

もうお分かりだろうが、私はどちらかといえば、池澤の考えに近づいた。

簡潔にいえば、ウチナンチュが沖縄チームに熱い声援を送るのは、彼らが〝沖縄の野球〟をやるからだ。なんだかんだ言っても、彼らの野球は沖縄式である。それがときに勝つこともあるから、人々は喜ぶ。

たぶん、ウチナンチュは常勝チームを求めてはいない。言葉を換えれば、本土のチームと同じやり方で勝つことを望んではいないのだ。欲しいのは、沖縄チームが〝沖縄のまま〟で戦い、あわよくば勝利することである。

　栽監督を筆頭に「なんくるない」の撲滅にこころを砕いた指導者の方々にはまことに申し訳ないが、沖縄の高校野球ファンは、そのご尽力にさほどの共感を持っていないかもしれないと私は考えている。そんなことを、復帰後五十年の甲子園大会を振り返って思った。

　十六年目の我喜屋監督率いる興南は、一回戦で市立船橋（千葉）から早々に五点を先取し、勝利への気配をつかんだものの、じりじりと追い上げられた。同点で迎えた九回裏にエース生盛《せいもり》亜《あ》勇《ゆ》太《た》が降板し、代わってマウンドに立った安座間《あざま》竜玖《りく》が、押出死球を与えて痛恨のサヨナラ負け。泣きじゃくる安座間もまた、間違いなく沖縄式野球に欠かせない役回りだった。

第九章　キーワード世代の「自分探し」

沖縄を語るキーワード

「一九八九年」は戦後史を画する年である以上に、世界史の大規模な転換点だった。一言でいえば、何か異様な年だったといってもいいだろう。

一月七日に昭和天皇が没し、平成への改元が行われた。国内では、リクルート社による大がかりな贈収賄事件が発覚した。バブル景気は株や不動産の値段をぐいぐい押し上げていた。ソニーが米国のコロンビア・ピクチャーズを、三菱地所がニューヨークのロックフェラー・センターを買収した。世界では、六月に第二次天安門事件が起き、十一月にはベルリンの壁が崩壊した。十二月にはブッシュ（父）とゴルバチョフが冷戦終結を宣言する。

美空ひばりが亡くなったのも、幼女連続殺人の宮崎勤が逮捕されたのも、任天堂のゲームボーイが発売されたのもこの年だ。何で読んだか定かでないが、細野晴臣が「パンドラの箱が開いた」と書いていた。

沖縄では、一月に沖縄電力の政府保有株が売り出され、一般投資家が殺到した。六月にはひめゆり平和記念資料館が開館している。西銘《にしめ》県政が「慰霊の日」休日廃止条例案を提出し、県内で広範な反対運動が起きたのもこの年だ（翌年廃案）。

そんな中、騒然とした世情からちょっと距離を取ったような「県産本」が八月に出た。『事典版 おきなわキーワードコラムブック』（まぶい組編、沖縄出版）である。

同書は、「沖縄に住むいろいろな人」が持つ「それぞれの『沖縄のイメージ』」を「おきなわキーワード」と命名して短いコラムを書いてもらい、事典形式にまとめ上げるという（誰もができそうで誰もやったことのない）試みだった。同書の編者は、『大阪呑気大事典』（一九八八）という先行事例を挙げているが、そちらは名のある著者もかなり参加しており、こちらのグラスルーツな雰囲気とは少し異なるものに見える。

それと、『事典版 おきなわキーワードコラムブック』の方は、「沖縄に住むいろいろな人」とはいうものの、端《はな》からプレイヤーをかなり限定していた節もある。

「一九六〇年代から一九八〇年代に生まれた、もしくは青春を迎えた人々に捧げる」書物をつくりたかったので、「項目に年代的な偏り」が生まれたこと、「地域的な偏りが若干ある」書き手を起用したことを認めてほしいということわりが付いているのはその事情を語っている（引用はすべて前掲書）。

つまり同書は、最初から〝沖縄の同世代による沖縄像の発見〟という明確な目的を持っており、その意図のもとに編まれたと考えて間違いないだろう。

結果からいえば、『事典版 おきなわキーワードコラムブック』は話題の本になった。誰もこんな本を見たことがなかったし、誰もこの本の面白さを予見していなかったからだ。

『沖縄タイムス』に連載された喜納えりかのコラム「沖縄県産本のあゆみ」によれば、「若者たちが同時代的な沖縄を活写したこのショートコラム集は、キーワードの立て方や文章のクオリティーも相まって社会現象ともいえる大ヒットを巻き起こした」のである（「充実期の1980年代、おきなわキーワードコラムブックと沖縄大百科事典」、『沖縄タイムス＋プラス』、二〇一五年十一月十二日）。

キーワード・ジェネレーション

同書に収録されたキーワードは四百三十三本。ランダムにいくつかを拾い上げてみようか。「あい！」「あがー」「味くーたー」「熱こーこー」「いいはずよ」「いっせんまちやー」「御願不足」「うちあたい」「A＆W」「オキコワンワンチャンネル」「沖縄キリスト教短期大学」「沖縄ジャンジャン」「沖縄独立論」「ガーブ川の世界」「開南のバス停」「共同売店」「ぐそー」「コーヒーシャープ」「桜坂通り」「さしみやー」「真剣ーん？」「砂辺の海岸」「センエンナーのおじさん」「だからよ」「登野城漁港」「奈名子のドリームコール」「ビーチパーティー」「南大東島行きの飛行機」「民謡研究所」「わじわじー」。

凡例には、「方言」「風物」「食べ物」「レトロ」「人物のようなもの」などのジャンルが設けられているが、これを参照しつつ、私の目であえて分類すれば、①共通語に翻訳しきれないニュアンスを持つ沖縄言葉、②沖縄の日常風景に埋め込まれたモノ・コト・ヒト、③この本の読者なら懐かしく思い出すはずの場所・場面・場合、④一九七〇～八〇年代の沖縄に特有の風俗・傾向・流行、⑤その他（立項意図が私にはよく分からないものを含む）というところだろうか。

それぞれ、これはと思うものを紹介してみたい。

①では、「熱《あち》こーこー」などどうだろう。

ふーふーいいながら食べるイモ。はっふっほっとほおばる揚げ豆腐。かじるとふぁっと湯気のたつサーターアンダギー。すべてこれらは「熱こーこー」である。焼きたて、できたて、ホッカホッカと三つ並べてもまだ何か言い足りないなぁと思う。熱こーこーを完璧に訳す日本語はないと私は断言できる。おばあちゃんが「うり、熱こーこーどー、噛めー」ともってくる手作り料理。

このシチュエーションこそ、熱こーこーの神髄である。（後略）

②にも、やはりどこかノスタルジーが忍び込んでくる。例えば「コーヒーシャープ」。沖縄のコザを中心とした中部地域に多くのこる、少し古ぼけた飲食業の一形態である。これを英語に綴り直せばCOFFEE SHOPと成る。一般の日本人がこれをカタカナに書くとコーヒー・ショップと成るのだが、沖縄の先人の聴力の方が優れていて、より写実的だと言わざるを得ない。しかし、店の中に入ると、そこはトワイライト・ゾーンだ。いわゆる喫茶店のように音楽に耳を傾けながら煙草をくゆらせて、ゆったり寛ぐなどという場所は何処にもない。（後略）

③が一番この本らしくて、私は好きだ。「登野城《との しろ》漁港」のように、「自分は何度しのぶとあの護岸をデートしたことか」みたいな極私的なものは追体験する術もないが、以下の「砂辺《すなべ》の海岸」などは、そこに集った若者たちの気分がこちらにも蘇ってくる。

国道五八号を北上、北谷町砂辺にさしかかったところで左に折れる。ここが、恋人たちのハート模様飛び交う砂辺の海岸である。堤防があり、テトラポットがあり、夕陽が見えるといえば沖縄の西海岸ならどこにでもありそうな風景だが、ここはナゼか人気が高い。土曜日の夕暮れ時ともなると車はほとんど二メートル間隔で並び、グループ交際やら一対一交際やらが目白押し。夕日を眺めながら「これが最後の夏休み」とか「どうしてどうして私達…」などと、ユーミンしてる学生も多い。（後略）

④では、「奈名子のドリームコール」を紹介したい。

ラジオ沖縄が誇る必殺ポエテック四次元空間番組。（中略）内容は、米吉奈々子アナウンサーをパーソナリティにして、リスナーからの様々なお手紙を紹介して、彼女の独特のコメントが添えられる。青春の悩みありポエムあり恋あり友情あり別れあり…多感なティーンエイジャーのお便りに彼女は、あくまでやさしくしっとりと答えてくれる。「…そうか。T・Kくん、ふられちゃったのか…うん、うん…でもね、みんな、がんばれ！」（後略）

「一九六〇年代から一九八〇年代に生まれた、もしくは青春を迎えた人々」は、こうしたキーワードに胸を突かれたことだろう。これらの言葉には、都市化とリゾート化の波をいちどきに被ったこの時期の沖縄の心象風景が多く含まれていた。

執筆者は七十名以上に上る。その一覧を見ると出生年は一九六〇年代に集中しており、これが〝年代に偏りがある〟ということわりの理由なのだろう。ちなみに「まぶい組」の「級長」は、一九六三年に那覇で生まれた新城和博である。

想定されたコア読者が、この執筆者陣と同様の年恰好だったことは明らかだ。本土復帰を子どものときに体験し、一九八〇年代の沖縄で青春を送った若者たち。一冊の本を通して復帰世代とは異なる沖縄の記憶を共有した彼らを、私は「おきなわキーワード世代」と呼んでみたい。彼らこそ、「内発的な沖縄ブーム」をつくり出した主要なジェネレーションだと思うからだ。

「自分探し」は「沖縄探し」

『事典版 おきなわキーワードコラムブック』が話題を集め、ベストセラーになった頃、「沖縄ブーム」も本格化する。復帰二十周年に合わせて復元された首里城、ＮＨＫの大河ドラマ『琉球の風』（一九九三）などが順風となり、観光客の数は急速に伸びていく。一九九一年に三〇〇万人を超えた観光客数は、その後十年で約一・五倍の四五〇万人に達する。

「まぶい組」の新城は、予想を超える〝キーワード事典〟のヒットの後、著書『うちあたいの日々——オキナワシマーコラム集』（一九九三）を上梓している。

彼は同書の中で、当時出会った同世代の人々との交友をさかんに記した。その多くは、「内発的」ブームの一翼となる「オキナワポップシーン」を担った〝同志〟たちだった。

たとえば石垣島出身の新良《あら》幸人《ゆきと》は、八重山高校で一学年下の大島保克《おおしまやすかつ》と並ぶ八重山民謡の若手唄者《うたさー》。新城はライブを追いかけ、「プロデュースやマネージャーじみたことまでしてしまったから、自分でもふと『なんでかねー』と思ったりする」（前掲書）打ち込みようだった。

Ｒ＆Ｂバンド「ＴＨＥ Ｗａｌｔｚ（ザ・ワルツ）」を率いるローリー（現・ローリー・クック）もその一人。ローリーは第六章で触れたマルフク・レコードのオーナーにして作曲家、普久原恒勇の息子だが、「青い空と青い海だけじゃない」（「沖縄ロックンロール」）という歌詞に惹かれた新城は、「同世代の人間の感覚である、これは」（同前）と書いた。

また第七章で触れた『パイナップルツアーズ』（一九九二）は、新城にとっても「僕の世代の沖縄を感じさせてくれる映画の登場」（同前）だった。監督や脚本を担当した真喜屋力・中江裕司・當間早志も、役者の津波信一も藤木《ふじき》勇人《はやと》もほぼ同世代。この「文字通りの〈島産〉の映画」を見て、新城は「勇気が少しだけ出てくる」(同前)と書いている。

つまりこの一連の動きは、〝おきなわキーワード世代〟による文化運動の始まりだった。復帰の熱気と落胆から二十年余を経て、それは彼らなりの「自分探し」でもあったのだろう。

そして興味深いのは、その探索行と共にあったカルチャーがやや老成した雰囲気も併せ持っていたことだ。「老成」は、あまり適切な表現ではないかもしれないが、私は彼らの視線に、沖縄の生活文化や生活思想への批評と共感が絶妙なバランスでブレンドされているのを感じる。その〝塩梅《あんばい》〟は、若者というよりは半世紀ほどを生きた人間にふさわしいものに見えたのだ。

たとえば、『うちあたいの日々』には、復帰二十周年のネタを探す本土のマスメディアが、〝キーワード事典〟を格好の標的と見て、次々に襲い掛かって(?)きた様子を書いた文章がいくつかある。新城が取材者から毎回のように投げかけられ辟易しているのは、「沖縄らしさって何ですか?」という類の質問だ。

この悪魔のようなキーワードに、「クングトゥ　ワカイミヤー」(んなぁこたぁ　知るわけねーだろ)と心中で叫びながらも、グッと抑えて解説もする。「そうですね、やっぱり、こののんびりしたところですかねぇー、テーゲーっていう言葉があるんですけど、いい意味であいまいにというか、ファジーぐゎーしーという意味ですね」(同前)と適度なサービスも忘れない。

かといって、自己嫌悪に落ち込むふうでもない。飽きずに繰り返されるこの「らしさ」への尋問こそ、実は沖縄の存在意義の一つであることを新城(及びこの世代の知的グループ)は理解していたのだと思う。彼(ら)は、やれやれと胸の内で呟きながら、このやっかいな問いをはぐらかすでもなく、真正面から向き合うのでもなく、それでも相手に応じた七割程度の真剣さで答えようとする。一見不毛な問答が実は沖縄と日本のありのままの関係であり、そのすれ違いの中にも一片の真実があることを彼らは知っていたようにも見える。

ちなみにネットで「らしさ」に当たる英語を検索すると、一方ではidentity（同一性）という生真面目な単語が飛び出してくるし、もう一方にはplausibility（もっともらしさ）という少々いかがわしい言葉があることも分かる。もちろん、沖縄についてこのどちらを求めても難問であることに変わりはない。「クングトゥ ワカイミヤー」とキレかかるのは無理からぬことなのだ。

『パイナップルツアーズ』を観ても同じような感慨がある。三人の監督が撮った三つのエピソードには、全体を貫く聖杯探究のような主筋がある。人々が探しているのは、舞台である離島のどこかに埋まったままの不発弾だ。島の観光開発の障害になる危険な代物は、一刻も早く見つけて処理しなければならないが、不発弾が実は島の守り神であることも次第に分かってくる。いつ爆発するか分からない不発弾は、開発を遅延させ、ディベロッパーを遠ざける抑止力であるという逆説だ（沖縄戦を象徴する不発弾が守り神というのは結構際どいアイロニーだが）。つまり物語の大筋は、〝開発か保全か〟の二項対立のドラマである。

ところが、映画には奇妙な副筋が絡む。突如声を失った麗子というオペラ歌手が、その回復を目的に島へ帰ってきて、ユタから声を取り戻すには不発弾を発見すべしとの宣託を受けるのだ。どうやらその不発弾は、彼女の父であるアメリカ軍人が落としたものらしい。

後半、不発弾探しはどんどんスラップスティックと化し、不発弾は常に衆目の中にあった巨大なパイナップルのハリボテに隠されているという奇妙な暗示を与えて終幕へ向かう。すると麗子はいつの間にか声を取り戻している。合理的な解釈も解決も成立しないまま、りんけんバンドの「黄金三星《くがにみちぶし》」が流れる中でフィナーレとなる。

ナンセンスシネマといってしまえばそれきりだが、オチらしきもののないエンディングが飲めや踊れやの祝祭へ収束していくのを見て、観客は強く「沖縄」を感じることになる。アイデンティティを突き詰める生真面目さをはぐらかしつつ、ありきたりの「もっともらしさ」を拒む意志――。『パイナップルツアーズ』から、感じたのはそのようなものだった。

こんなしたたかなバランス感覚の核にあるのは、沖縄＝自己を突き放した上で、改めて認め迎え入れるセンスだと思う。前世代より遥かに「本土化／内地化」した世代であるがゆえに、彼らは沖縄の〝異質性〟をクールに相対化できた。「キーワード」が可能だったのもこのスタンスのゆえだろう。そこには批評とアイロニーもあったが、許容とユーモアもあった。

一九八〇年代から九〇年代にかけて、「自分探し」は本土でも一つのトレンドだった。私は、若者の「旅」をその視点から書いたことがある（『「象徴」のいる国で』第五章）。沖縄の若者たちもおそらくその流れの内にある。ただ、明らかに異なるのは、若いウチナンチュの「自分探し」は、彼らの「沖縄探し」にも重なっていたことだ。「我《わ》した生まり島とは何か」は、一九八〇年代の本土の若者たちにはほぼ無縁の問いだったが、沖縄の若者たちには避けて通れないものだったのだ。

沖縄を見つける語りと笑い

『事典版　おきなわキーワードコラムブック』には、沖縄の暮らしと発想をあえて面白がる感受性があった。これは当の沖縄人にとっても新鮮なものだったし、少々くすぐったい自負心さえもたらしたようである。

やや大げさにいえば、〝キーワード本革命〟は、沖縄人のライフスタイルとその元になる世界観を可視化する役割を果たした。復帰から二十年経って、本土をやや遠目に見る余裕を得た沖縄人たちにとって、自分たちのものの見方や日々の生き方を（多少の皮肉を交えつつ）肯定してくれる語り口は好ましいものに映ったのだろう。

「キーワード」の軽快な語調は、街の若者言葉「ウチナーヤマトグチ」（沖縄と本土の言葉が混在する語り言葉）の痛快さにも通じるものがあったような気がする。これは両者が共に沖縄と本土の接近から生まれたせいだが、「ウチナーヤマトグチ」は語り言葉であるだけに、もっと対話的で情動的でときに攻撃的だった。

最初にマスメディアに現れたのは、ラジオ沖縄の伝説的番組、「ぶっちぎりtonight」（一九八二〜八五）。メインパーソナリティの高良茂《たからしげる》が、女性パーソナリティの「みゆき」や「まみ」を相手に操る、早口の「ウチナーヤマトグチ」はリスナーたちを震撼させた（それまで放送メディアでこの手の言葉が流れることは一切なかった）。

当時の深夜番組で定番だった読者のハガキや手紙を読むコーナーでは、リスナー（主力は中学生）に代わって高良が、彼らの訴えや嘆きを語ってみせた。中でも人気があったのは、「ナイチャー撲滅運動」のコーナーというもので、本土観光客の目に余る行動を見かけた（見かねた）リスナーがよこす怒りのレポートを、高良が大いに共感しながら読み上げた。彼のシメの一言は「そんなわけで君たち（ナイチャー）はいらないから」だった。

一九八五年に始まった「ポップンロール・ステーション」（エフエム沖縄）も、ウチナーヤマトグチ番組の延長線上にある。マスミ・ロドリゲスとケン・ロビラードの二人は、英語も混在させたアップテンポのトリリンガルトークで人気を博した。マスミは、糸満出身の母とスウェーデン系アメリカ人を父とするアメラジアンである。

小学校で差別に遭って嘉手納基地内のアメリカンスクールに編入し、英語と自信を身に付けた。十六歳から一人で暮らし、アルバイトで学費を払って高校を卒業。大阪で就職したものの体調を崩し、二十歳のときに沖縄へ戻り、父親に会いに渡米もした。二十一歳のときにエフエム沖縄が開局し、マスミは「ポップンロール・ステーション」のフリーランスＤＪになった。

さらに街のウチナーグチは、一九八〇年代の新しい笑いのムーブメントとつながることでパワーアップした。中心メンバーは、玉城満《たまきみつる》（座長）、藤木勇人、我喜屋良光《よしみつ》らで、この三人はいずれもりんけんバンドの元メンバーだ。彼らが満を持してテレビに打って出たのが、一九九一年にスタートする十分間の深夜テレビ番組だった。

この番組の人気も凄かった。

「お笑い米軍基地」の小波津正光《こはつまさみつ》が、その熱気を書いている。中学生の頃からラジオの深夜番組にハマっていた小波津によれば、沖縄のテレビはつまらなかった。「もっと正直に言うなら『沖縄のテレビ番組を見るのはちょっと恥ずかしい』ぐらいに感じてた」（『お笑い沖縄ガイド』、二〇〇九）。

> そんな中、ウチナンチュの熱狂的な支持を受ける奇跡の深夜番組が誕生したわけさ。それが『お笑いポーポー』（一九九一〜一九九三）。沖縄のお笑い集団「笑築過激団《しょうちくかげきだん》」が出演し、さまざまな「沖縄コント」を繰り広げるわけさ。この「沖縄コント」ってのが『お笑いポーポー』の凄いところ。うちなー芝居のテイストを色濃く反映し、コントのテーマもキャラクターも喋る言葉も全部沖縄。こんな沖縄丸出しのコントは今まで見たことない！（同前）

コントの面白さをこうした文章で説明するのは無粋《ぶすい》の限りだが、ご存知ない方のために、代表的なコント「ウチナンチュ発見会話」を紹介しておこう。山田力也と城間裕司のコンビ「ゆうりきやー」

の「あなた、沖縄の人でしょ?」「違いますよ!」から始まる、あのコントである。

例えばこんな掛け合いだ。


「あなた、沖縄の人でしょ?」

「違いますよ!」

「あ、それは失礼しました」

(と謝りながら、すまして向こうを向く相手の後頭部をはたく)

「アガッ!」


こんなのもある。


「あなた、沖縄の人でしょ?」

「違いますよ!」

「あ、失礼しました。じゃアンケート、お願いします。まず名前書いてください」

「…はい…」

「えーと、ひがしかぜだいらとももり、さん?」

「こちんだちょうせい!(東風平朝盛)」


四コマ漫画のような芸だ。でも、このバリエーションが山のようにあるらしい。とっさに口を突いて出てしまうウチナーグチや沖縄人しか知らないような事物が、彼の素性や出自を明かしてしまう。

そのおかしさには複雑な心情が重なっているはずなのに、沖縄人たちは爆笑している。彼らは、身に覚えのあるこの手の失敗を、笑い飛ばせる自信を手に入れたのだろうか。それとも、大笑いした後でちりっと痛む心の傷に思い当たったのだろうか。いずれにしてもこの笑いは、一九七〇年代にはなかったもののように思える。

本土生まれの沖縄サブカル本

ウチナーヤマトグチ、沖縄コント、そしてキーワード。一九八〇年代以後に生まれたこれら一連の〝言葉のイノベーション〟が興味深いのは、その〝革新〟が一貫して沖縄の固有性や独自性への眼差しを含み、なおかつ笑いの要素をスパイスのようにまぶしていたことだ。それは沖縄の穏やかな自己対象化であり、ユーモアさえ含んだ自己発見だった。復帰から二十年後、若い世代によって遂行されたこの〝革新〟の中間総括が、『キーワードコラムブック』だったと私は解釈している。

さてしかし一九九〇年代に入ると、従来の手づくり風味のイノベーションに、それまでとはやや異質の要素が持ち込まれてくる。いよいよ本格化する「沖縄ブーム」を注視していた本土の沖縄ウォッチャーたちの動きである。「時来たれり」と判断した彼らによって、観光ガイドと「基地問題」の両ジャンルに限られていた沖縄関連出版物の中に、突如〝沖縄サブカル本〟というニューカテゴリーが出現したのである。

著者は何らかのかたちで沖縄にかかわりのある人物だったが、必ずしも沖縄人だけではなかった。むしろ、本土の読者にしてみれば、沖縄に触れてカルチャーギャップに驚き感じ入る本土人の文章の方が読みやすかったこともある。沖縄に関する無数の（適度に知的な）蘊蓄こそ、本土産沖縄本のキラーコンテンツになった。

幸いなことに、それらのニュー沖縄本には、勘違いはあっても（最近の沖縄へイト本のような）悪意はなかった。著者も読者も基本的には沖縄を愛で、沖縄人に好意を示していた。傍若無人で無知蒙昧なナイチャーではなく、沖縄に学び沖縄により近づきたいと考える沖縄ファンによる沖縄ファンのための出版物だった……。

それ以上でもそれ以下でもなかった、と腐《くさ》すつもりはない。あの時代の沖縄サブカル本が持っていた熱気は、わずかな距離かもしれないが、確かに沖縄と本土の距離を縮める効果もあったと思う。

そうして一九九〇年代半ばから続々と出版された本土産沖縄本の一つの到達点といえば、『沖縄オバァ列伝』（二〇〇〇）ということになるだろうか。複数の沖縄在住ライターが、実体験を元にオバァたちの生態を描くという体裁を採っているが、実はオバァを通して沖縄の家族やコミュニティ、習俗や伝統などがつかめるように編集されていた。全六章のタイトルは、「オバァはハタ迷惑なのだの巻」に始まり、「元気なのだ」「アッパレなのだ」「おちゃめなのだ」「色っぽいのだ」と続き、「オバァは哲学なのだの巻」に終わる。ややジコチューながらバイタリティ溢れるオバァが、実は森羅万象に通じているという建て付けは、細部に神が宿ると信じるサブカル的世界観に通じる。

しかもこのオバァ像は、『ナビィの恋』や『ちゅらさん』で〝国民的高齢女優〟となった平良とみが演じるキャラクターによって見事に視覚化された（『ちゅらさん』の脚本家、岡田惠和はこの本からインスピレーションを得たと書いている）。

『事典版　おきなわキーワードコラムブック』では、五百字ほどで解説されていた「おばぁ」（オバァ）は十年後には丸々一冊の本になっていた。「青い空と青い海だけじゃない」沖縄への関心はこうして始まり、ウチナンチュの衣食住はもとより生老病死の隅々まで広がり深まっていったのである。もちろん、「へえ、沖縄ってこんなに面白いのか」と呟いた沖縄人も少なくなかった（事実、最大のマーケットは沖縄だったらしい）。

沖縄サブカル本は、有力な起点としても作用した。売れる本の力は侮り難いもので、青い海のリゾート一辺倒だった沖縄観光のコンセプトに重大な変更をもたらした。熱心なリピーターと化した本土の客たちは、安宿に長期逗留し、市場や小路に入り込み、沖縄料理をすみずみまで食べ尽くし、旧社交街のスナックやAサインバー（米軍公認の料飲店）へ夜毎に通うようになる。そして挙句は第三章で紹介したような移住者予備軍へ化していく……。

もちろん一方では、沖縄の日常生活を紹介することで、沖縄と本土の距離を狭める役割も果たしただろう。中には本をきっかけに、ツーリストやにわか移住者を卒業し、沖縄に根を下ろした方も相当数いることだろう。そうしたプラスの意味を認めないわけではない。ただ、振り返ってみると、あの手の書物が見せてくれた〝もう一つの沖縄〟はどれほどのものだったのかという思いもよぎる。

それは、今まで見えなかった沖縄を見せようとするあまり、当の沖縄人にもつかみ切れていないものまで、本土の言葉とリクツで「見える化」したのではないか。つまり、これも「本土化」である。サブカルは虚構との親和性がきわめて高い。虚構とは、ちょっとやそっとでは解けない難問を体裁の良い物語で包み込むものだ。例えば、復帰後の沖縄人たちがせっかく手に入れた自己発見の手がかりを、サブカル本が面白おかしいネタや蘊蓄に転用したことはなかったのだろうか。

今さらそんな「後の祭り」のようなことを呟いても、どうしようもないのは分かっているが……。

第四部

五十年後の光景へ

辺野古（2022 年 4 月）

第十章　大転換期の「基地問題」

冷戦の終結とアメリカ

二〇〇九年の出来事が今でも気にかかっている。

民主党による政権交代で発生した「最低でも県外移設」を巡る顛末である。あのときに、日米間の暗箱《ブラックボックス》で交わされたであろう交渉の全貌は知るよしもないが、鳩山首相の「腰砕け」をはじめ、本土の人々が見せた奇妙で微妙な反応は何だったのか。そうしたことに想いを巡らしてみたい。

一九八九年が、冷戦の終結という世界史の大転換を告げる年だったことは前章冒頭でも触れた。一九八五年、レーガン政権が「双子の赤字」に耐えかねてプラザ合意でドルを切り下げると、ソ連ではゴルバチョフ書記長が経済の建て直しに向けて、言論の自由化など民主的改革に乗り出す。一九八七年、両首脳が将来の核兵器全廃に合意すると、流れを察知して世界中で冷戦秩序からの自立を求める動きが表面化していく。アジアでは、フィリピン・台湾・韓国などの西側陣営諸国で民主化運動が出現、この波はヨーロッパの東側陣営にも及び、一九八九年には親ソ独裁政権が次々に倒れた。

新しい地域連合も生まれた。ヨーロッパでは、ソ連の崩壊（一九九一年）を横目で見ながら、一九九三年にＥＵ（欧州連合）が発足した。東南アジアでは、カンボジア内戦の終結を受けてＡＳＥＡＮ（東南アジア諸国連合）が独自の地域連合として存在感を増した。いずれも、アメリカの統制を脱する自立への足取りだった。

一方、ソ連の崩壊によって（結果的に）一強となったアメリカは、二つの課題に直面した。

第一は、アメリカを凌駕しそうな日本の経済力にいかに対抗するか。第二は、保有する世界最大の軍事力をどのように現状に適応させるか、だった。

第一のテーマについて、アメリカは既に「日米構造協議」などの経済交渉を通して、「貿易不均衡」や日本国内の市場開放のみならず、日本の産業構造にも踏み込んでいた。第二のテーマでは、当然ながら軍（産軍複合体）が危機感を露わにした。彼らは、アメリカが世界のリーダーであり続けるには軍事力の維持は不可欠と押し切った。その論拠として「敵」に挙げたのは、イスラム原理主義勢力（特にイランとイラク）と北朝鮮だった。

またこれに関連して、日本をアメリカの軍事戦略により一層組み込み、相応の負担を課すことも重要課題になった。その意味で一九九一年の湾岸戦争は日本を巻き込む格好の機会になった。日本に積極的な貢献を求め、計一三〇億ドルを供出させて、なお人的貢献に応えない日本を責めた。日本ではこの批判が「トラウマ」となり、一九九二年にＰＫＯ法案を採択する。日本は冷戦後の世界に直面し、より明確な対米追従に舵を切っていく。

やや長くなるが、一九九〇年代以後の沖縄基地問題を考える上で、「冷戦」と「冷戦後」はどうしても必要な共有事項なので、少しお付き合い願いたい。

日本にとってそもそも冷戦とは何だったのか。

核兵器がもたらす破滅的な結末が逆説的にもたらす偽装的な平和――これが冷戦の実体である。そのまがい物の安定と秩序を最大限に活用し、高度経済成長を手中にした国が日本であったことは間違いない。

そして高度成長の恩恵を受けた本土から、アジア冷戦体制の拠点になった沖縄が切り離されたことで、本土の日本人の大半は、(沖縄が復帰した後も!)冷戦という現実から目を逸らしたままだった。

さらに冷戦への無関心は、それが終結した段階でも変わらなかったように思える。ヨーロッパやアジアで、歴史の転換を鋭敏に感じ取り、解放や自立への動きが活発化したのとは対照的に、日本では何も起こらなかった。佐道《さどう》明弘の言葉を借りれば、「日米安保体制と戦後憲法が国民意識のレベルでは矛盾なく併存」(吉見俊哉編『平成史講義』、二〇一九)する国では、冷戦終結を何かの機会と捉える視点が生まれなかったのである。

いや、もう少し正確に言えば、冷戦終結を転機と見るわずかな政治動向はあったものの、みごとに封印されたのである。三十八年ぶりの非自民党政権である細川護熙《もりひろ》内閣は、防衛問題懇談会を設置し、一九九四年には「樋口レポート」を公表した。同レポートは冷戦終結を受けて、アメリカ依存以外の選択肢を視野に入れる「多角的安全保障協力」を打ち出した。当然ながらアメリカ側は強い警戒感を示す。懇談会の途中から外務・防衛当局が介入し、米国防総省の懸念を伝えた。日米安保をめぐる条項には、アメリカの意向を反映していくつかの修正さえ施されたという。アメリカは、日本が懐から逃げ出すのを許そうとしなかった。

激動は一九九五年に始まった

細川政権の〝浮気〟に巻き返しを図るかのように、アメリカは元ハーバード大学教授のジョセフ・ナイを国防次官補に据えて、一九九五年二月、『東アジア戦略報告(EASR)』(通称「ナイ・イニシアティヴ」）を発表させる。「極東十万人体制」をうたい、ヨーロッパやフィリピンからの撤退後も東アジアでは兵力を維持する方針を示した。

ナイはレポートの意図を秋山昌廣防衛局長（後に次官）と綿密に共有し、秋山はそれを九五年十一月に採択された『新防衛大綱』に反映させ、日米安保の重要性を格段に強調した。この路線はさらに九六年四月、クリントン大統領・橋本首相による「日米安保共同宣言――21世紀に向けての同盟」へ展開されていく。

こうした動きの中、一九九五年九月四日、沖縄では、三人の米兵による少女暴行事件が発生した。抗議行動が沖縄各地で一斉に巻き起こった。沸騰する世論を背景に、大田昌秀知事は日米地位協定の見直しを求めて上京、県議会では駐留軍用地特措法の代理署名拒否を明言した。

大田本人の回想によれば、県議会の始まる一週間ほど前、摩文仁岳を仰ぎ見つつ、「平和の礎」を前にして為すべきことを考えたという。代理署名を拒否すれば、予算面をはじめ国の重圧が大きくなることは目に見えていた。

「だが、同時に自分が知事になった意味も考えなければならない。摩文仁戦跡の光景を眺めていると、無惨な姿で斃れていった多くの学友たち一人ひとりの顔が浮かんできた。誰もが私に決意を強いているように思われた」（大田昌秀『沖縄の決断』、二〇〇〇）。大田は沖縄師範学校二年生のとき、「鉄血勤皇隊」の一員として沖縄戦に従軍し、部隊解散後は摩文仁海岸で九死に一生を得る経験をした人物である。

知事の決断は沖縄の人々を勇気付けた。十月二十一日には、宜野湾海浜公園で県民総決起大会が開かれた。県議会全会派、県経営者協会、連合沖縄など十八団体が呼びかけ、約三百団体が実行委員会に名を連ねた。参加者は八万五〇〇〇人と復帰以来最大の規模になった。

しかし前述のように、沖縄の闘いが大きなうねりとなったこの時期は、実は冷戦期とは質の異なる日米同盟強化が行われたタイミングでもあった。沖縄の昂揚が日米の交渉に影響を与えたことは確かだが、すでに周到なシナリオを用意していたアメリカは迅速に対応し、想定していたプログラムに若干の譲歩を加えて、当面の難局を乗り越えようとした。思うに、対する日本のリーダーたちは外交スキルにいかにも乏しかった。その上彼らは、昭和の時代のリーダーたちに比べると信じられないぐらいアメリカに従順だった……。

一九九六年、基地問題をめぐって事態は目まぐるしく展開する。

一月、「沖縄米軍基地問題協議会」（九五年十一月設置）の場で、県は政府に「基地返還アクションプログラム」を提示した。三期に分けて基地の整理・縮小を行い、二〇一五年までに全面返還を目指す計画だった。一期目の「目玉」は海兵隊の拠点、普天間基地。ひとまず県は攻勢に出た。

一方この間に日米両政府は、「沖縄に関する日米特別行動委員会（SACO）」（九五年十一月設置）で基地問題を協議し、その中間報告を受けて、一九九六年四月十二日には橋本首相とモンデール駐日大使が普天間基地を含む十一施設の返還を合意する。日米両政府は、

キャンプ瑞慶覧

たちまち返還計画のヘゲモニーを奪い返した。一見基地問題解決への前進を印象付けたが、返還スケジュールは細切れでかつ各所に移設条件が付けられていた。

そして返還計画発表の五日後、先述の「日米安保共同宣言――21世紀に向けての同盟」が発表された。同宣言は、日米の同盟関係が「21世紀に向けてアジア太平洋地域」に及ぶと明記し、従来の「極東」から大きく適用範囲を広げたことを告げた。また沖縄の米軍基地については、「日米安保条約の目的との調和を図りつつ」整理・統合・縮小すると述べた。

冷戦終結による基地縮小というわずかな希望は、安保条約が世界規模に拡大されたことで潰えた。たとえ基地が「返還」されても、アメリカに都合のいい別の何かに代替されることが容易に予測できた。こうした場面では、アメリカは気のいい友人の振りなどしない。最小限のコストで最大限のベネフィットを求める強欲な商人になる。

両国間の安保合意が万端整ったところで、ＳＡＣＯ最終報告（十二月）は、中間報告を踏襲しつつ、普天間基地の代替地を「東海岸沖」「海上施設」と追記していた。長きにわたる辺野古問題の始まりである。

首長の交代

他方、大田知事は代理署名問題で窮地に追い込まれていく。一九九六年八月、職務執行命令訴訟で敗訴の最高裁判決が出ると、大田は代理署名応諾を表明した。県民投票で、五四万一六二六人が投票し、四八万二五三八人が日米地位協定の見直しと県内の米軍基地の整理縮小に賛成票を投じた五日後のことだった。大田の翻意は多くの沖縄人にとって予想外のことだった。

一九九七年一月、日米両政府は海兵隊普天間基地の代替海上ヘリ基地を名護市辺野古沖で合意する。名護市では急遽反対運動が組織され、住民投票でも反対が多数を占めた。北部振興に積極的な比嘉鉄也市長は、基地を受け入れて辞任という前代未聞の選択に及んだ。

大田知事も、九八年になってから「海上基地」反対を表明したが、すでに潮目は変化していた。三選出馬したものの経済振興を軸とする選挙戦は不利な戦いだった。保守の稲嶺惠一が約三万七〇〇〇票差で大田を下した。

八年振りの保守県政である。

稲嶺は、一九七三年にいすゞ自動車を辞め、琉球石油を創設した父一郎に呼ばれて沖縄へ戻り、その跡を継いだ。十五年後、知事選に担ぎ出されたときは、りゅうせき（旧・琉球石油）会長職にあった。政治への道は自ら望んだことではなかったが、沖縄経済界のサラブレッドに対する周囲の期待は大きかった。

稲嶺は、辺野古移設許容を表明していたが、一定期間を定めて軍民共用とし、返還後は民間専用空港にするとの公約を打ち出した。実際のところ、日米両政府が返還前提の期間限定という条件を本気で検討したとは考えにくい。この虚勢《ブラフ》のような方針を迂回する如く、移設案は設置場所・工法をめぐって猫の目のように変わっていく。

一九九九年十二月、名護市は受け入れを決議、政府も閣議で「キャンプ・シュワブ水域内名護市辺野古沿岸地域」に「軍民共用空港を念頭に整備を図る」ことを決定する。この時点の計画案は、リーフにまたがる位置に辺野古崎から南の漁港側へ滑走路を伸ばす案だった。二〇〇二年七月、「辺野古沖案」基本計画が完成、二〇〇四年四月にはボーリング調査が開始されるが、反対派に阻止され延期を余儀なくされた。

他方、9・11後のブッシュ政権は、改めて在外米軍の再編に取り掛かっていた。日米間でも二〇〇二年から在日米軍再編協議が始まった。再編基本方針は、従来の固定的軍事拠点よりも小規模な拠点のネットワーク化や同盟国の軍事力の活用などへのシフトを主としていた。事実二〇〇三年五月、『ロサンゼルス・タイムス』は在沖米海兵隊二万人のうち、一万五〇〇〇人がオーストラリアへ移駐する計画と報じた。沖縄では、再編計画が基地の整理・縮小につながるのではないかという期待が高まった。

しかし、期待は肩透かしを食らう。

二〇〇五年十月に日米安全保障協議委員会（通称「2＋2」）が発表した「日米同盟――未来のための変革と再編」の中で示された案は、キャンプ・シュワブ沿岸案「L字型案」だった。辺野古崎の兵舎地区を横切り、北東は大浦湾、南西は辺野古海上に突き出す一八〇〇メートルの滑走路、大浦湾側には逆L字型に配置された格納庫や燃料補給用桟橋。普天間基地の代替施設どころではない、れっきとした新基地構想が米軍再編計画の結論だった。軍民共用や期間限定はどこかに消えていた。「L字型案」は考えうる最悪の計画案だった。陸上にかかるから騒音や事故の危険が増し、浅瀬を埋め立てることで生物や環境への被害も出る。稲嶺も名護市も反対に回ると、政府と防衛庁が切り崩しに入って「L字型案」に代わる「V字案」で二者を説得し、閣議決定に持ち込んだ。

稲嶺は二〇〇六年四月、次の知事選に出馬しない旨を表明した。離任の日、自宅で妻と二人、時計の針が十二時を回るのを見て乾杯したというエピソードが回顧録（『我以外皆我が師』、二〇一一）に記されている。

次の知事、仲井眞《なかいま》弘多《ひろかず》は、通産省（現・経産省）の役人から沖縄電力のトップへ駆け上がった人物だが、必ずしも大方の期待を集めて知事選に臨んだわけではなかった。大酒飲みで素行が良くないという評判があった。稲嶺の穏やかな貴人ぶりとは対照的なやんちゃぶりを敬遠する人も多かったのだろう。後に「沖縄を売った男」と指弾された人物には、最初からノイズのようなものがまとわりついていた。

二〇〇六年十一月、仲井眞は、「新基地反対」「国外移設」を掲げた糸数慶子を破って知事の座に就いた。稲嶺同様、辺野古許容だったが、現行の「V字案」は、そのままでは認められないとした。本来この人の関心は、基地よりも経済の方にあったようだが、思惑通りにはならなかった。二〇〇九年の政権交代と鳩山由紀夫首相の「最低でも県外移設」発言をきっかけに、基地問題がさらに混迷の度を深めたからだ。

「原点の汚れ」

民主党の二〇〇九年のマニフェストには、「日米地位協定の改定を提起し、米軍再編や在日米軍基地の在り方についても見直しの方向で臨む」(『民主党政権政策 Manifesto』、二〇〇九)と記されていた。鳩山自身も、衆議院選挙公示後のテレビ討論会などで、「最低でも県外移設」の発言を行っていた。つまり、ごく当たり前のことだが、民主党・社民党・国民新党の連立政権の代表による辺野古見直し発言は、鳩山の個人的な思い付きではなく、あくまで国民的合意であった。

もちろん、アメリカがすんなりと新政権の意向に沿うはずはなかったし、鳩山もそれは覚悟していただろう。

案の定、アメリカは迅速に反撃に出て、ゲーツ国防長官、ルース駐日大使あたりが強烈な圧力をかけてきた。日米首脳会談でオバマ大統領も首を横に振った。もちろん、外務省・防衛省などの官僚は何もしようとしない。

民主党内部の不一致も露わになり、岡田克也外務大臣や北澤俊美防衛大臣が県外は困難と言い出す始末。打開の難しさに怯《ひる》み、孤独な時間稼ぎの中でいくつかの追い打ちに遭って、鳩山は挫折する。「腹案」と称した徳之島案は地元の反対と外務省の怪しげな御注進（航空部隊を訓練場から六五海里超の場所に置くのは前例なし）で消えていく。

二〇一〇年五月二十三日、鳩山首相は組閣後初めて訪沖し、仲井眞県知事、稲嶺名護市長に向かって辺野古移設を伝えた。知事と市長は拒絶したが、日米両政府は五日後の「2＋2」において同趣旨の決定を発表した。

六月四日、鳩山内閣は総辞職したが、沖縄はとっくに「県外移設」へ向けて走り出していた。二〇〇九年一〇月の名護市長選挙では移設反対を主張する稲嶺進が当選、二〇一〇年二月には沖縄県議会が全会一致で、普天間基地閉鎖・返還と国外・県外移設を求める意見書を可決していた。また、超党派で開催された四月の県民大会（全県で九万三七〇〇人）は、後の「オール沖縄」の様相を示していた。

「県外移設」撤回で、鳩山が苦し紛れに口にした理由は、海兵隊による「抑止力」の必要性と日米合意の順守だったが、この二つについては疑義がある。

まず、海兵隊の特性（緊急展開部隊）は抑止力としてはほぼ無意味であること。そしてなによりも重要なのは、政権は、外国との約束よりも、国民の意思を優先して事態に当たらなければならないことだ。よって鳩山首相は（さっさと辞任せず）この原則を守るための努力をさらに続けるべきであったし、国民は自らが選んだ政権を積極的に支持し応援し、尻を叩かなければならなかった。もっといえば、我々は大きな声でアメリカに怒りを表明するべきだった。

だが、国民は鳩山政権の支持率を下げるだけで、それ以上何もしようとしなかった……。

これは何故なのか？

本土の人々が、結局のところ、自分たちが選んだ政権よりアメリカを重んじているからだろうか？

それもあるだろうが、本当の理由はこういうことだ。

戦後の日本は、かつて三〇〇万人以上の同胞を殺したアメリカに帰順し同化し、それが幸いして世界有数の富国に成長した。敗戦前の日本、すなわち朝鮮や中国などアジアの国を蹂躙し、一九四五年には沖縄に捨て石の役割を課した日本とつながっていながら、素知らぬ振りをしてアメリカの物質的・精神的属領に転向した。

そんな「原点の汚れ」（加藤典洋『敗戦後論』、一九九七）をどこかで記憶しているために、本土の人々は、対米追随ではない民主党に肩入れし、沖縄の苦境をある程度理解しながらも、民族自決の権利を盾にして攻勢に立つことができない。アメリカの横暴を沖縄と同じ側に立ってはね返していくことができないのだ。

よろよろと立ち上がった途端に、アメリカにこう言われるのを怖れたのだ。

「あんたたちは沖縄を犠牲にして豊かになったじゃないか。そんな人たちが立派な口を利けるのかね」

これは沖縄戦とその犠牲者についても同様である。本土人は殺された人々をその遺族の側に立って悼むことができない。沖縄を「時間稼ぎ」のための戦場にすることで生き残り、さらに戦後の安逸と豊かさを享受した我々は、本当は沖縄に足を踏み入れることを許されていないのだ。

戦争も冷戦も忘れ、息を切らして走った高度成長が終わった一九七二年、それらを思い出させる沖縄が再び視界に入ってきたことはきわめて象徴的な出来事だったのである。

なぜ辺野古だったのか

少し横道にそれるようだが、ここで辺野古地区を擁する名護市政の歴史に触れておきたい。サブストーリーのようで、実は復帰後の「沖縄問題」を照らし出している。なぜ辺野古だったのか、その背景の一部が見えてくるからだ。

話は海洋博の開発・建設ラッシュで島中が沸いていた一九七三年に遡る。初代名護市長の渡具知裕徳《とぐちゆうとく》の指揮のもとで、「名護市総合計画・基本構想」が策定された。それは、復帰後の沖縄振興策の大前提をなしていた「所得格差の早急な是正」を真っ向から否定し、「地域住民の生命や生活、文化を支えてきた美しい自然、豊かな生産のもつ、都市への逆・格差」を重視する「逆格差論」を対置していた（こうした考え方を以下「名護モデル」と総称）。

また、理念に留まらず、農業を中心とする第一次産業の振興、生活関連の公共施設の整備、集落を基礎とした住民自治の組織化などが進められた。農業振興では、生産基盤の整備、各種補助などを通して生産額が伸長し、一九八〇年には石垣市を抜いて県内一位となった。その内実は砂糖きび・パイナップルの停滞・衰退を補って余りある畜産・花卉・園芸分野の発展で、モノカルチャー農業からの脱却がある程度実現されたという。

社会資本整備では、「21世紀の森公園」「名護博物館」「新市庁舎」など市民参加をコンセプトに据えた事業がいくつもある。特に象設計集団による新市庁舎は、市民に開放されたオープンスペース「アサギテラス」や、地場産業の建材ブロックの活用、「風の道」設置による自然冷房など随所に工夫が凝らされた。

さらに、アメニティ向上を目的とする自然保護や市街地整備を進め、海洋博ブームによる土地買占めや乱開発への反対運動も行った。また、浩瀚な市史の刊行、集落史の編集援助など記憶の保存にも積極的だった。むろん、基地反対の姿勢も一貫していた。村内で米軍関係の事故があれば反対集会を開催、道路を封鎖して米軍車両を通行止めにしたこともあるという。

このような多彩な成果を生み出しながらも、一九八六年の市長選挙で保革が交代し、十六年に及ぶ渡具知市政が終わった（比嘉鉄也新市長に交代）。同時に総合計画も逆格差論を放棄してリニューアルされた。

画期的な内容を持つ「名護モデル」は、その後、歴史の表舞台から消えてしまった。

政権交代の原因は多岐にわたるが、保守陣営が大きな不満としたのは、観光業と建設業の低成長、もしくは育成・促進策の不足だった。市の産業政策は農業に集中しており、総合計画自体が沖振計（沖縄振興開発計画）に批判的だった。第二次沖振計が「観光」にはっきりシフトした時期である。「名護モデル」は「振興」と「開発」の世界観に食われてしまったということになるだろうか。

「名護モデル」を捨てた二代目の比嘉市長が、新たな収益源と目したのは、大規模リゾート開発（ブセナリゾート）と名桜大学誘致だったが、バブルの崩壊によって厳しい経営を強いられ、市財政を圧迫した。佐々木雅幸によれば、辞任した比嘉市長の後継を務めた岸本建男市長による辺野古基地受け入れ（一九九七）の背景には、見返りの北部振興事業予算があったという（宮本憲一、佐々木雅幸編著『沖縄 21世紀への挑戦』、二〇〇〇）。

むろん市長の意向だけが、辺野古への移設を導いたわけではないだろう。一九六〇年代に米軍は、現行の新基地計画とほぼ同じ構想を持っており、そこへ回帰したという説もある。それでも、北部東海岸のユニークな村づくりの挫折が新基地への水路となったことは、「歴史の皮肉」を感じさせる。

実をいえば、三代目の岸本市長は、学生時代にはチェ・ゲバラに憧れ、渡具知市長のビジョンに心酔した若き名護市職員だった。比嘉市長時代は助役として市政に尽くし、市長になってからは自身の考え方と地域の期待をぎりぎりのところですり合わせようとして心労を重ねた。体調悪化による辞職の直後に亡くなったと聞く。

これも辺野古をめぐるもう一つの物語である。

オール沖縄の旗手

仲井眞県政に再び戻ろう。二期目の知事選では、仲井眞も「県外移設」へ転換。選挙対策本部長を引き受けた翁長雄志《おながたけし》（当時は那覇市長）が「県外移設」でなければ勝てないと強硬に主張したからだ。

それから二年、再び中央の政権交代が起き、第二次安倍内閣で情勢が動き出す。

仲井眞はこのチャンスを逃さなかった。二〇一三年、訪沖した菅義偉官房長官と関係を深めた。年末には首相官邸で安倍首相と向き合い、県の予算要請に対する「満額」超えの回答を受け取った。記者に「これはいい正月になる」と語ったのはこの時だ。沖縄へ戻った仲井眞は埋め立てを承認する。基地とカネのリンクは明白だった。

この後、辺野古のみならず〝沖縄のこころ〟を売り渡した知事への大バッシングは、しばらく止まなかった。

二〇一四年、それでも仲井眞は三期目の知事選――半ば敗北を覚悟していたのだろうが――に立った。

対立候補はかつての同志、翁長雄志だった。

翁長が自身の生い立ちを語るときによく口にしていたのは、政治家の一家に育ち、小学校に上がる頃からポスター貼りを手伝っていたというものだ。当然ながら勝った負けたの世界だから、敗北の寂しさや勝利の虚しさが身近にあった。それがこころにこびりついて、いつしか自分は「いびつな人間」になってしまったと語っている。

父、翁長助静《じょせい》は旧真和志《まわし》市の第九代、十一代の市長を務めた。同市は一九五七年に那覇市に合併され、助静は最後の市長である。また、長兄の助裕《すけひろ》は西銘県政の副知事を務めた。雄志は、ポスター貼りの思い出と共に、よく「父と兄を合わせると八勝七敗」と一家の戦績を口にした。

もちろん、翁長家の政治信条は保守である。〝生まれたときから自民党〟だった雄志もごく自然に自民党の政治家として歩み始める。掲げた最終目標は那覇市長。これは父親がついにかなえられなかった地位だったのだろう。

一九八五年、三十四歳で市議会議員からスタートし、四十一歳で沖縄県議会議員に当選。自民党沖縄県連では、青年部長、青年局長、広報委員長、組織委員長、県連幹事長、政調会長、総務会長などほぼすべての役職に就いた。間違いなく自民党の若手エースである。普天間基地の代替施設をめぐって、舌鋒鋭く大田知事を追及したこともある。

二〇〇〇年には那覇市長選に挑み、当選した。本人は明言していないが、すでにこの頃、県政トップへの道筋は心にあったのだろう。

しかし二〇〇六年、思わぬ事態が発生する。初期の胃癌が発見され、胃の全摘術を行うことになったのだ。退院直後の記者会見で翁長は、「突然、ガンを宣告され、入院、手術と非日常的な日々を送るなかで、初めて人生を振り返ることができました」（松原耕二『反骨』、二〇一六）と語った。まるで最後の使命を胸に刻むような言葉だった。

二〇〇七年九月二十九日、宜野湾海浜公園は一一万人の人で埋まった。高等学校歴史教科書の「集団自決」の項目から、日本軍による強制の記述を修正・削除した検定意見の撤回を求めて結集した人々である。このとき、翁長は県議会の仲里議長と共に集会の共同代表を務めた。

二〇一〇年の「県外移設」を求める県民大会でも共同代表に就く。「島ぐるみ」に代えて「オール沖縄」が全面へ出てくるのはこの頃からだ。二〇一二年のオスプレイ配備反対の県民大会では、仲井眞がメッセージ参加にとどまったこともあり、翁長は文字通り「オール沖縄」のリーダーと目されることになる。

そして二〇一四年、翁長が県知事選への出馬を決めると沖縄は騒然となった。元自民党の一部から共産党まで幅広い共闘体制が組まれ、広範な住民運動組織や無党派層も加わって、「辺野古新基地反対」をスローガンに政府自民党と向き合った。従来の「保革」の対立ではない、新しい運動のスタイルが生まれていた。翁長はインタビューを受けて、「オール沖縄」の意味をこう述べた。

「鳩山さんが『最低でも県外』とおっしゃったときに、日本の七〇％の人がですね、そうだよと、沖縄にこんなに基地を押しつけたらダメだよと、世論調査で答えていたんですよ。ところが鳩山さんが反故にして菅直人内閣がまた元に戻すと言ったらね、今度は七〇％の人がですね、沖縄に置いとけと、世論調査で答えたんですよ」

翁長は突き放すような口調で続けた。

「ぼくはこれを見た時に、あ、これはもう自民党とか民主党とかの問題ではないなと。オール本土で沖縄に基地を置いとけと、そういうメッセージだなと」

中央の政治に対してだけでなく、政府の言うことに引きずられる本土の人間たちにも失望したのだ。

「それならば、私はオール沖縄でこれにノーと言わなければならんなと。そうすると戦後基地をいろいろやってたものを、もうみなさん、こんなことしてたら笑われますよと」

（松原耕二『反骨』）

松原は「戦後基地をいろいろやってた」の意味を、「望んだわけでもない基地をはさんで、右と左でいがみあっていた」と解釈している。政治家一家で育った翁長にとって、「右」と「左」が「白黒闘争」を繰り広げる虚しさはもうたくさんだということだったのだろう。

ただここでもっと重要なのは、「オール本土」の無定見への絶望感である。

ヤマトゥの連中は何も考えていない、と翁長は思っていた。その時々のトップが言うことになびいているだけで、沖縄のことは何一つ理解していない、と。ただもしこちらにも弱点があるとするなら、基地に対する沖縄の姿勢が一つに見えていないことだ。政府に付け入る隙を与えないというだけではない。「オール本土」と向き合うために、我々は「オール沖縄」でなくてはならない……。

二〇一四年十一月、翁長は「あらゆる手法を駆使して辺野古に新基地をつくらせない」を公約に掲げ、仲井眞に圧勝する。沖縄は第二次安倍政権とその向こう側にいる「オール本土」に向かって、大きなNO！　を宣言した。

二〇一八年八月八日に亡くなるまで、翁長は少しもブレることはなかった。決して多弁でも能弁でもなかった人だが、命懸けで政治家をやっていることは伝わってきた。そしてまるで基地問題と心中するように逝ってしまった。

辺野古の現在

一九九七年一月に日米両政府が普天間基地の代替施設の設置を名護市辺野古沖で合意してから、四半世紀が経過した。その間に世界情勢は様変わりし、軍事関連の技術も大幅に進化した。それでも冷戦終結がもたらした〝アメリカ一強〟の時代は辛うじて続いている。

9・11後、ブッシュ政権が戦略・戦術の変更を含む軍の再編に着手したことは先に述べた。またその頃、東アジアでは中国の軍事力強化がようやく視野に入ってきた。沖縄が中国の弾道・巡航ミサイルの射程圏内に入るようになったことから、アメリカは基地集中を危険視するようになった。

二〇〇六年の「再編実施のための日米のロードマップ」に、辺野古移設と共に海兵隊八〇〇〇名のグアム移転が盛り込まれていたのは、そうした動きの具体化だった。実際、海兵隊はグアムを拠点に太平洋・アジア地域に分散配置されている。在沖海兵隊は、ローテーションでアジアを移動していて、沖縄に常駐していない。また、海兵隊が使用する強襲揚陸艦は現在佐世保に係留されている。

近年、中国は海軍の艦艇数や西太平洋地区のミサイルの規模でアメリカを凌駕したとされている。アメリカは新たな対抗作戦を模索中で、グアムを守るためのミサイル防衛網や、第一列島線（日本列島〜沖縄〜台湾〜フィリピン）防衛のための体制構築に大わらわだ。

海兵隊も新しい作戦として、離島へ進出して一時的なミサイル基地などを構築する「遠征前方基地作戦」（ＥＡＢＯ）を構想し、組織や武装の再編を進めている。また、ＥＡＢＯを担う三つの海兵沿岸連隊（ＭＬＲ）の創設も発表され、そのうちの一連隊が沖縄に配備されることが明らかになった。

佐藤学によれば、「駐留するだけの演習部隊であった在沖海兵隊が、海戦を主要任務とする戦隊に転換されようとして」（「沖縄から見る世界秩序の変動」、『学術の動向』二〇二〇年九月号、所収）おり、南西諸島に基地を建設している自衛隊も含め、沖縄が軍事衝突に巻き込まれる危険性は増大している。それにしても、中国のミサイル能力の向上によって、アメリカの兵力や拠点の分散化は避けられない。

では、この機会に沖縄の基地を沖縄県外に移し、自衛隊基地の共同使用などを通して日本全土に分散させてはどうかと語る専門家がいる。合理的な判断のようにも聞こえるが、大前提にあるのは、アメリカが日本を護ってくれるという、あまり確度が高いとは思えない信憑である。

辺野古の埋立工事も新しい事態に遭遇している。

軟弱地盤の発見で、大幅な遅延が予測されていることは御承知の通りだ。二〇一九年末、政府は地盤改良工事を追加した場合、完成まで約十二年、総工費九千三百億円（当初計画は八年で三千五百億円）という見積を発表した。これだと普天間基地の返還は早くても二〇三〇年代半ば以後になる。また、完成後も埋立地では不均一な地盤沈下の可能性があり、完成後も相当な補修費が必要だという。

普天間基地の移設は、米兵による卑劣な犯罪に対する沖縄の人々の抗議から始まった。

しかし、ある意味では、日米両政府は事件を機会と捉え、冷戦終結に対応する米軍再編と日米安保強化に組み込もうとした向きもある。

ただ、ことは権力者の思うように運ばなかった。立場や利害の違いはあれ、沖縄の人々は大勢では新基地に反対し続けた。その間に、五人の県知事とアメリカ大統領、十二人の日本の首相が沖縄を通り過ぎていった。

四半世紀の間に世界は変わり、当初の「目論見」の意味はなかば失われてしまったのではないか。世界の情勢は逃げ水のようにつかまえがたい。そして膨大な労役と費用と迷惑の挙句に、無用の長物ができあがっていくナンセンス。我々はその行方をまだ見通せないでいる。

第十一章　アメリカンビレッジの行方

少し寂しいビーチタウン

二〇二二年、コロナの波の谷間だった。人に会う用事があったので沖縄へ行った。那覇空港からコザへ行く途中で、北谷《ちゃたん》のアメリカンビレッジに立ち寄った。今まで近付きもしなかったが、今回は覗いてみようと思っていた。

アメリカンビレッジの正式名称は、「美浜《みはま》タウンリゾート・アメリカンビレッジ」。大型ショッピングセンターとシネマコンプレックスなどを核に、ファッション関連の小売店や飲食店が集積している。沖縄最大級の商業・娯楽施設だ。

デポアイランドと呼ばれるショッピング街の近くにクルマを置いて、店の立ち並ぶ小路を歩いてみる。ウィークデイのせいか人通りはわずかだ。土産物屋や洋服屋に入っても、こちらの風体を見て店員は近寄ってこない。そうだろうね、この場所にふさわしい客には見えないだろうなと思い到る。

ところでこの街のキッチュなデザインは、いったいどこから来ているのだろう？　施設名からすれば、とうぜん〝アメリカン〟だろうし、同じ西海岸に位置しているわけだから、ウエストコーストのビーチタウンを真似ているのだろう。ただ記憶をたどってみても、カリフォルニアのヴェニスビーチやサンタモニカとは違う。サンディエゴの街並みを参照したという説もあるから、メキシカンテイストを混在させている可能性はあるのか……。

小路を抜けると波が寄せる遊歩道に出た。こちらには多少の人通りがある。カフェの前のテーブルに飲み物を並べておしゃべりするグループ、手すりにもたれて青い海に目を向けるカップル、ベビーバギーを押す若い母親とその傍らの父親。陽射しも風も強い。遠く沖合には波の砕けるリーフエッジも望める。平和な海辺の光景だ。

でも一人でやってきた私は、ぽつねんとベンチに腰掛けて何か空虚なものを感じている。せめて他の人々が交歓する気配を感じ取ろうとするが、人々は黙って横を通り過ぎていくだけで、交わし合う言葉も聞こえてこない。

立ち上がって、観覧車を見にいくことにした。沖縄の新聞によれば、観覧車を備える商業施設「カーニバルパーク・ミハマ」がその年九月までに解体されると報じていたからだ。

高さ五〇メートルの観覧車は、間違いなくアメリカンビレッジのランドマークだった。県内最大の観覧車でもあり、二〇〇〇年四月の開業時、乗り場には待ち時間五十分の長蛇の列ができた。また、季節やイベントに合わせてイルミネーションが点灯され、集客に一役買ってきた。

アメリカンビレッジ

閉店・解体の理由は利用者の減少だという。開業から二十二年だから、沖縄の消費動向の変化がそこそこ速いことがうかがえる（奇しくも東京台場のパレットタウンの観覧車も同じ年の八月に営業を終了した）。背景には、本島各地に開設された大型商業施設の影響があるらしい。ここのテーマパークのような商業空間を楽しんだ消費者は、もっと「本土化」されたショッピングモールのブランドショップを好むようになったのだろうか。ちなみに跡地には約二百二十室のホテルの建設が計画されている。近づいてみると、すでに施設全体に工事用の覆いがかけられ、中から解体作業の甲高い機械音が聞こえてきた。私が海辺の遊歩道で感じた軽い寂寥感は、故なきものではなかったようだ。

アメリカの隣のアメリカ

アメリカンビレッジは、米軍基地の跡地を利用してつくられた施設である。一九八一年、キャンプ瑞慶覧《ずけらん》のうち海岸沿いにあったハンビー飛行場とメイモスカラー射撃場が返還され、隣接する海岸に埋め立て地が造成された。両地区は一体的な開発が行われることになり、埋め立て地の一角に建設されたのがアメリカンビレッジである。

北谷から読谷《よみたん》にかけての海岸は、一九四五年四月一日に米軍が初めて沖縄本島に上陸した地点である。上陸に先立ち三月二十三日からは、一帯に艦載機約一三〇機がナパーム弾や機銃掃射による攻撃を行い、翌日からは艦砲射撃も加わった。

上陸に際して日本軍の反撃がほとんどなかったため、米軍はほどなく北・中飛行場を占領する。中飛行場周辺で米軍と対峙した日本軍はほぼ全滅、青年義勇隊、在郷軍人も多くの犠牲者を出した。

敗戦後、北谷村は全域が米軍に占領され、一年以上を経てようやく一部地域に帰村が許されたが、域内には複数の米軍施設が置かれた。村の面積の六五％を軍用地が占め、第三次産業の勤労所得が全体の八五％、その大半が軍雇用者だった。基地によって住居区域も大きく東西に分断されていたため、西海岸一帯の返還は強く要望された。

一九七三年に策定された北谷村の振興計画は、軍用地の返還とそれに伴う埋め立てによって国道58号線沿いに展開されるはずの商業・観光産業に主軸を置いていた。つまり、ハンビー飛行場とメイモスカラー射撃場の返還は、北谷町の悲願だったのである。

二つの返還跡地の活用計画は、時代の変化に翻弄されたところもある。跡地に隣接する四九ヘクタールの埋め立て地を造成し、うち一一ヘクタールを開発業者に六十六億六千万円で売却し、総事業費五百七十億円のテーマパークをつくる計画だったのが、バブル崩壊でみごとに頓挫してしまったのだ。埋め立て費用は五十九億七千万円、北谷町から県町村土地開発公社への支払いは、利息だけで一日百万円以上になっていた。

財政破綻を眼前にして、町は企業誘致によって危機を乗り切ろうとするものの埒が明かない。「そんな中、経営コンサルタントと町幹部が議論を重ねて生まれた」（『沖縄タイムス＋プラス』二〇二二年四月十日）のが、アメリカンビレッジだった、という。

当然ながら、長らく米軍基地の被害を受けてきた沖縄で、わざわざそのアメリカをコンセプトとする施設をつくることに疑念を投げかける関係者は少なくなかった。北谷町で発行した『美浜タウンリゾート・アメリカンビレッジ完成報告書』（二〇〇四）は、この経緯に触れず、「特に中部においては、米軍基地の存在から沖縄の文化とアメリカの文化が混在し、融合した独特の文化・県民性が培われてきたことをコンセプトの根拠としている。

一九九五年、町は「アメリカンビレッジ」の構想を発表。参入企業を公募し、大手商社に総合監修を依頼した。一九九七年にシネマコンプレックス「ミハマ7プレックス」が開業し、県内の話題を集めると参入企業の幅も広がった。翌年には、琉球ジャスコ北谷店（現イオン北谷店）も開業して客層を広げた。

二〇〇〇年から二〇〇四年にかけて、複数のショッピングモールや遊園地、ホテルなどが開業し、ほぼ完成の段階に達した模様である。報告書によれば、二〇〇三年における年間来客数は延べ八三〇万人に上った。「沖縄ブーム」がピークに差し掛かった頃のことだ。少し後に県が発表した軍用地跡地利用の調査（二〇〇七）では、那覇新都心地区、小禄金城《おろくかなぐすく》地区と並んで、北谷町のアメリカンビレッジとハンビータウン（サンエーハンビータウンを中心とする一画）は成功事例として採り上げられている。

ただ、西海岸地区の消費動向はけっこう変化が激しい。朱暁蕾《しゅぎょうらい》の論文を見ると、店舗進出のピーク（二〇〇四年）以後、アメリカンビレッジの小売業の事業所数・販売額・従業者数は減少へ転じている。原因は那覇地区～西海岸地区の大規模商業施設の開業である。二〇〇〇年頃から那覇新都心への都市機能の集積が始まり、サンエー那覇メインプレイス（二〇〇二年開業）などの大規模店舗が進出している。

また朱の論考は二〇一四年までを調査対象としているので、その後、イオンモール沖縄ライカム（二〇一五年開業）やサンエー浦添西海岸PARCO CITY（二〇一九年開業）など、全島を商圏とする超大規模店が出現していることを考え合わせれば、アメリカンビレッジの存在感はさらに薄れざるをえない。ビーチタウンから観覧車が消えるのは、それなりの理由があったのだ。

ノスタルジーとショッピングモール

それにしても、「アメリカンビレッジ」はなぜ〝アメリカン〟だったのか。どうして、米軍基地に隣り合う場所にわざわざ〝アメリカの村〟をつくったのか。

その謎は、沖縄にとって「アメリカ」が戦後ノスタルジーの拠り所であると知れば、比較的たやすく解ける。

ＮＨＫの人気番組「ドキュメント72時間」で放映された「沖縄 追憶のアメリカン・ドライブイン」（二〇一五年六月十九日放映）を見た方なら、その店の様子をよく覚えているだろう。58号線を走って読谷村から恩納村に入ったあたり、「ＳＥＡ ＳＩＤＥ ＤＲＩＶＥ-ＩＮ」は今でも健在だ。

店内を覗くと、赤いチェックのテーブルクロスが目を引く。ジュークボックスはまだ現役のようだ。大きなステーキを黙々と平らげる老夫婦、「フライライス」と呼ばれる焼き飯をかき込む米軍兵士。テイクアウトの窓口には、出稼ぎ先の愛知県で知り合った季節工の男女が人気メニューのスープを買いにくる。

米軍統治時代に米兵相手に始まった店には、今も当時とほとんど変わらない表情や声がある。恋人を追いかけアメリカへ渡った女性、ベトナム戦争時に台湾から渡ってきた人、米兵と結婚した母を持つハーフの男性。復帰を挟んで時代の変化を生き抜いた沖縄の人々にとって、アメリカの味は欠かせないソウルフードの一つである。

つまり、〝アメリカンビレッジ〟というコンセプトは、実は本土の観光客ではなく、本島中南部に住む沖縄人を相手にした手堅いコンセプトだったということだ。先に挙げた北谷町の『完成報告書』が、

「県民が誰でも気軽に訪れることができ、『安くて』『近くて』『楽しみのある』空間」を強調していたことの意味がそこにある。

ただ、一九六〇年代のアメリカ合衆国のパワーは遠いものになってしまい、ベトナム戦争の特需に沸いた沖縄も人々の記憶から消えていこうとしている。おそらく、アメリカンノスタルジーも同じように失われようとしている。アメリカンビレッジもまた、その例外ではないのだろう。


前項で触れた新しい超大規模ショッピングモールについても少し書いておこうか。アメリカンビレッジとは、そもそも業態が異なるので単純な比較はできないとしても、共通項はある。どれもが、米軍基地の跡地利用もしくは隣接地開発であるという点だ。

まず、二〇〇二年に開業したサンエー那覇メインプレイスは、米軍施設の牧港《まちなと》住宅地区（一九八七年に全面返還）が再開発された那覇新都心に立地している。二〇一二年のリニューアルオープンでテナント数が九四から一一二に増え、沖縄県内としては初の専門店数一〇〇以上を誇るショッピングモールになった。那覇新都心には、県と国の行政庁舎、日銀那覇支店などの金融機関、県立博物館・美術館の他、免税店などもある。

二〇一五年開業のイオンモール沖縄ライカム（中城村《なかぐすくそん》）は、キャンプ瑞慶覧の「泡瀬ゴルフ場」が返還された跡地に建設された。ちなみに「ライカム」（RyCom）とは、琉球軍司令部（Ryukyu Command）の略称で、かつて司令部があった地域を指す俗称である。

この物件開発で特徴的なのは、土地の引き渡しからわずか二年で開業にこぎつけたことである。迅速な展開の背景には那覇新都心やアメリカンビレッジの成功があった。県が野村総研などにつくらせた報告書では、開発による経済効果は、前者は三十二倍、後者は百八倍という高い数字を叩き出している。

開業した店舗の売場面積は七万八千平方メートル（後に八万六千平方メートルに拡張）、開業時二三〇のテナント数は県内最大規模だった（後に二四〇）。来場者は開業から一週間で五〇万人を突破した。

この年、沖縄を代表する小売企業サンエーも負けじとキャンプ・キンザー（牧港補給地区）沖埋め立て地（浦添市）へ大型出店を発表。キャンプ・キンザーの返還は二〇一三年に合意されているものの、返還された面積はまだごくわずか。跡地は那覇市に近接し、きわめて有望な地域であるため、サンエーの意気込みは大きかった。二〇一九年に売場面積七万八千平方メートル、二五〇店のテナントを擁するサンエー浦添西海岸 PARCO CITYを開店した。

こうして沖縄は、時ならぬショッピングモール・ラッシュに湧いた。

「基地跡地」への向き合い方

基地返還について、現在沖縄県が前提に据えているのは、一九九六年のSACOの最終報告をベースに二〇一三年に日米間で合意された「沖縄における在日米軍施設・区域に関する統合計画」である。当時の安倍政権はこれを「嘉手納以南の土地の返還計画」と意訳して発表したが、原文はConsolidation Plan（統合計画）である。“consolidation”とは「統合による強化」を含意しており、米軍が望むのは返還による弱体化でないことは「統合計画」の前文（Overview）を見ても明らかだ。

また県が作成した「中南部都市圏駐留軍用地跡地利用広域構想」（二〇一九改訂版）は、「那覇市・沖縄市を中心とする二つの都市圏が一体となった長大な都市圏の形成」をうたい、広域交通インフラ、広域的公園・緑地整備、跡地振興拠点地区の三つの方針を柱とする大きなビジョンだ。

「跡地振興拠点地区」とは、「重要なリーディング産業や機能の立地・集積を促進」とあり、先端情報通信産業や医療・生命科学産業などが（望ましい産業として）並べられている。その上で、「課題」として、従来の跡地利用の大半が商業サービス及び住宅であること、そうしたやり方は今後の少子社会では「跡地相互の競合による全体発展の阻害（を起こし――引用者補足）、良好な環境形成につながらない」と釘を刺している。

県の苦衷は私のような部外者でも理解できる。基地返還の展望はいまだつかめないし、新しい産業のエンジンはさほど強力ではない。だから跡地利用はいきおい経済効果の高い商業施設に走る。だが小さな島には、すでに過剰感が漂っている。そのせいか、広域構想は成長戦略の表情を装いながら、熱に欠ける印象がある。

アメリカンビレッジを起点に、基地跡地利用の事例をいくつか見てきた。その多くは、商業施設の誘致による短期的な経済効果を企図したものだった。

しかし、その中で商業施設に依存しない例外的な成功事例もある。読谷村補助飛行場の跡地利用は、投資回収を急ぐ「成長戦略」を相対化してくれるきわめて興味深いケースである。

この飛行場の前身は、旧日本軍が建設した「北飛行場」である。当時の地主たちは軍に抵抗する術もなく、国との売買契約もないままに土地を取り上げられてしまった。日本の国有地になったまま敗戦を迎えると、米軍が飛行場をそのまま引き継いだ。土地の所有権が認められなかったため、地主たちは反対闘争を組むこともできず、軍用地料を受け取ることさえできなかった。一九五〇年代以後は、飛行場がパラシュート降下訓練場になったため、ようやく黙認耕作地として利用するようになった（落下物による死亡事故も起きている）。

一九七四年に読谷村村長に初当選した山内徳信《とくしん》は、「平和・文化・創造」をスローガンに掲げ、「村民主体の原則・地域ぐるみの原則・風土調和の原則」に従って、基地撤去のみならず、地域産業の振興や地域主導のリゾート開発にも精力的に取り組んだ。米軍と粘り強く交渉し、飛行場内に村の運動広場や新庁舎などを建設する前代未聞の事業も敢行した。当時、宮本憲一らが提唱していた「内発的地域振興」のフロントランナーでもあった。

一九七九年、ようやくこの飛行場の問題が「沖縄振興開発計画」の中で「戦後処理事案」として位置づけられ、一九八二年から旧地主たちが転用計画を話し合う場が持たれた。成果物として一九八七年に転用基本計画が策定された。その中で、商工業用地よりも農地としての利用を主軸とする方針が固められたのである。

二〇〇六年、SACO合意（一九九六年）に基づき、全面返還が実現した。その前年に策定された『読谷補助飛行場跡地利用実施計画』は、「田園地域という立地性を踏まえ農業を主とする振興開発を行うものである」と主旨を高らかに宣言し、先行する「先進農業支援センター整備事業」と連携して先進農業集団地区の実現を目標に据えた。

こうして農業を中心とする類のない跡地利用がスタートしたのである。

農業産品では従来、小菊や紅芋が主力であったが、跡地返還を機ににんじんの本格的な栽培が始まった。共同の選果場の設置などで省力化を図りつつ、作付面積を増やし、糸満市・うるま市に次ぐにんじん指定産地になった。二〇一八年には積極的な取り組みが認められ、拠点産地に認定されている。

この事例を論じた北上田源《きたうえだげん》は、「読谷補助飛行場の事例を紹介するのは、この場所の事例を一般化したいがためではない」と慎重なことわりを述べている。確かにそれぞれの基地跡地には特有の事情や経緯があり、かかわる人々の各々の想いや利害がある。「それでも、個別具体的な事例を詳細に見ていくことで、大きな課題を解決するための手がかりを見つけられることもある」と言う（「読谷・旧軍飛行場用地問題から何を学ぶか」、前田他『つながる沖縄近現代史』、二〇二一、所収）。十把ひとからげの思考から逃れるためには、成長・効果・効率という二〇世紀的なロジックから距離を持つことも必要であろう。

もちろん読谷村の人々が、現代の合理主義にまったく背を向けているはずはない。ただ、この人たちはもっと長いタイムスパンで地域と暮らしの関係を見てきたように感じられる。沖縄が進むもう一つの方向はこちらにあるのかもしれない。

里浜と人工ビーチ

正確には「基地跡地利用」ではないけれど、基地が思わぬかたちでもたらしたものにも触れておこう。

浦添市の海岸線はキャンプ・キンザーの倉庫群に塞がれて、長らく市民の目から遠ざけられてきたが、その西海岸は沖縄本島でもまれな大珊瑚礁が広がる海であることが知られていた。その美しい海岸が、西海岸道路（臨港道路浦添線～浦添北道路）の開通によって再び身近な「里浜」になって戻ってきたのだ。

浦添市民だけでなく、沖縄の人々は、〝基地のおかげで〟手つかずのまま残った海岸に接して驚いた。拝所《うがんじゅ》のある亀瀬《かーみじー》の沖の広大な礁湖《いのー》には、豊かな生態系が維持され、リーフエッジには珊瑚が群生していた。

浦添市は、キャンプ・キンザーの返還と共に、那覇軍港の浦添埠頭への移設という難題も抱え、何度も西海岸の開発計画案の変更・折衝を行ってきた。その成果あって、埋立面積を大幅に減らし、道路の一部を橋脚方式に変えることで、自然環境の破壊を一部食い止めたのだ。

この背景には、行政と市民の意識が変わってきたことがあると思う。

一つの例として人工ビーチを考えてみたい。

沖縄には多くの人工ビーチ（人工の砂浜、本土で言う「人工海浜」）がある。二〇一七年の段階で、半自然海岸を含めると本島に三十八カ所が確認されている。全国でもトップクラスであろう。南部から中部・北部にかけて遍在しており、西海岸（東シナ海側）にも東海岸（太平洋側）にもある。

浦添市の計画案の推移を見ると、当初（一九八八年）は広大な礁湖を全部埋め立て大きな人工ビーチを造成することになっていたが、数度の変更を経て、埋立面積もビーチのサイズもどんどん小さくなっていった。むろん背景には、市民たちの粘り強い活動があった。

沖縄初の人工ビーチは、一九七五年の沖縄海洋博の会場近くに造成された「エメラルドビーチ」だが、その後、大型海浜ホテルの開発や「リゾート法」、海岸法改正などを受けて急速に増えた。

理由の一つは、元々沖縄の自然海岸に砂浜が少なかったため、増加する本土の観光客の要望に応えきれなかった事情があるが、もう一つは人口集積の多い中南部に米軍基地が建設されたことで、商業地・住宅地が確保できず、埋め立てによる土地造成が進められて自然海岸が減少、その代替に人工ビーチがつくられたらしい。

実は県内最大の人工ビーチ（全長九〇〇メートル）の開発も進行している。本島中南部の東岸、中《なか》城《ぐすく》湾の泡瀬干潟を埋め立ててつくる人工島「マリンシティ泡瀬」の人工ビーチである。県のホームページに掲載された事業説明は、「中部圏の魅力を高め、基地依存経済からの脱却と那覇都市圏との地域格差の是正」を目的に掲げる。

しかし泡瀬干潟は、面積約二六六ヘクタールに及ぶ南西諸島最大の干潟である。絶滅危惧種の海草が生育する藻場を形成し、絶滅危惧種の魚類や豊富な鳥類など、さまざまな生き物が棲む豊かな自然環境を形成している。一九八〇年代に開発計画が策定され、埋立面積の縮小などの紆余曲折を経て、二〇〇二年から一部の工事が着工されたものの、地元からも本土からも強い反対の声が上がった。

第一次訴訟・第二次訴訟は県・市の勝訴となった。「マリンシティ泡瀬」は「潮乃森」と改称され、埋め立て完了を二〇三〇年に予定している。

小さな島で土地を生み出すにはいくつも方法がない。埋め立てるか取り戻すか、だ。生み出す方法について選択肢が与えられなかったように、生み出された土地の利用法についても人々は選ぶ機会を十分に与えられなかった。

でも、そろそろやり方を変えてもいい時期かもしれない。人工ビーチから「里浜」へ、人々が沖縄に必要だと考えるものも、移り変わってきたと感じるからだ。

人工ビーチの一つ、トロピカルビーチ（宜野湾市）

ビーチタウンの若者たち

アメリカンビレッジの観覧車の前にもう一度、戻ってみようか。

ここでは、ストリートライブやストリートダンスのライブがよく行われたと聞いた。一九九〇年代は沖縄アクターズスクール出身の歌手やタレントが同スクールのある那覇から本土へ向かった印象があるが、二〇〇〇年代のインディーズバンドはどちらかというと本島中部のライブハウスから頭角を現していったような印象がある。

観覧車前のストリートライブも、そうしたインディーズバンドの腕試しの場だった。

二〇〇〇年、うるま市に住む五人の高校生がバンドをつくった。インディーズブームのさなか、沖縄で生まれた無数のバンドの一つだ。メンバーは、新里英之《しんざとひでゆき》、名嘉俊《なかしゅん》、許田信介《きょだしんすけ》、宮里悠平《みやざとゆうへい》、そして紅一点の仲宗根泉《なかそねいずみ》。結成当初は、土日の対バンライブに出て音を磨いた。コザのライブハウス「セブンスヘブンコザ」の常連だった。

高校三年の二〇〇一年、バンドの思い出にオリジナル曲をつくった。卒業後はそれぞれの道へ進むつもりだった。ところが、スタジオのスタッフに曲を褒められ、ストリートライブをやってみたらどうかと勧められた。

これが彼ら五人の人生の岐路になった。ライブの場所はあの観覧車前。地元から二〇キロ離れたアメリカンビレッジに通う日々が最初の正念場になった。

夏の猛暑の中、汗まみれになって一日三公演をこなした。始めた当初は観客ゼロ。せいぜいメンバーの友人が数人やってきてまばらな拍手を送ってくれるだけだった。それでも回を重ねるうちに人が増えた。気が付けば、五人の周囲を三六〇度、観客が囲んでいた。

バンドの名前は、ＨＹ。メンバーの住むうるま市東屋慶名《ひがしやけな》のＨとＹである。最初のヒット曲は、最初のオリジナル曲「ホワイトビーチ」だった。

その頃十七歳だった沖縄のブロガーが、このストリートライブの模様を記している。


当時、口コミで同世代に人気が拡散したＨＹ。美浜の観覧車前でストリートライブしているすごい人気のバンドがいるらしい。

そんな噂が聞こえてきて、無料で観れるし、盛り上がるらしいから行ってみようかとみんなで行ったら、とんでもない人だかりで曲が始まると盛り上がり方がハンパなかった。

帰り道、みんなで興奮しながら「あのバンドは絶対全国で売れるな！」と話していたのを覚えてる。


高校時代に収録したファーストアルバム『Departure』は、沖縄限定発売で一万枚を売った。二〇〇二年三月には宜野湾海浜公園屋外劇場で三〇〇〇人を集めて初のソロコンサート。四月には『Departure』が全国で発売された。以後の破竹の進撃は、よく知られた通りである。

それにしても、デビュー曲「ホワイトビーチ」は不思議な歌だ。

曲名は彼らの地元に近い与勝半島の先端部にある米軍施設の名称である。海軍と陸軍の桟橋を有し、原子力潜水艦や海兵隊の揚陸艦も寄港することで知られる。でも、歌詞にそんなことは一言も出てこない。歌われているのは、冬空から舞い降りてくる雪の中で「君」を想う「僕」の気持ちのようだ。

とすれば、「ホワイトビーチ」とは、雪が降り積もった、真っ白な海浜を歌っているのだろうか？

青い海と空が売り物の島で、その通り一遍のイメージをひっくり返そうということだったのかもしれないが、ここではもう少しうがった見方をしてみようか。

　復帰運動が盛んな頃、沖縄の小学生たちの間では、復帰すると沖縄に雪が降るというまことしやかな噂があったと聞いたことがある。一九八〇年代生まれのＨＹのメンバーの誰かが、その噂を年長者から聞いた可能性はゼロではない。だからひょっとすると、沖縄に雪が降り、ホワイトビーチがホワイトスノウに覆われるとき、「君」と「僕」は一つになる……。こんな歌だってあるのかもしれない。

　そのＨＹは、後年もたびたび観覧車前のストリートライブを敢行してきた。二〇〇九年九月二十二日には、結成十周年記念のライブを行い、二万人を路上に集めたという。そのとき、披露した四曲の未発表楽曲には、「時をこえ」（詞・曲：仲宗根泉）が含まれていた。おばぁとおじぃから聞いた「昔の話」。「火の粉が雨のように降る」中を「あの人の命を気にかけて」走った記憶をその孫が聞いて歌にした。もちろん仲宗根が歌う。

　沖縄のアーティストは、どこかで必ず基地や戦争に出会う。いや、思い出すといった方がいいのかもしれない。そのとき彼らが抱く感情がどのようなものなのか、私たち本土人は理解できたのだろうか。

第十二章　現前する死者

おばぁたちの沖縄戦

二〇〇七年九月二十九日、宜野湾海浜公園に集まった一一万人という人数は、改めて人々の沖縄戦に対する想いの深さを伝えるものだった。集会の趣旨は、「集団自決」から日本軍による強制の記述を修正・削除した教科書検定意見の撤回を求めたものだった。

すでに十年になる辺野古移設問題はすっかりこじれ、島内にはやや深刻な亀裂も走っていた。にもかかわらず、沖縄戦の事実をゆるがせにしようとする国のやり方に対し、沖縄の人々は結束して反撃に打って出た。立場も思想も世代も超えて、沖縄戦のことだけは絶対に譲らないという、沖縄の意志表示だった。

しかし、沖縄戦の記憶を本土の人間がそのまま共有することは難しい。少なくとも私はまだ、そこに十分近づけていない。知識だけでは届かない世界があることは分かるが、たどり着く階段が見出せていない。

そしておそらく、同じような事態が沖縄の若年層にも起きている。戦争記憶の継承という重要な課題に対して、沖縄の小説家がどのように取り組んでいるのか。一人の作家を通して考えてみる。

島袋正は父方の祖母から、四歳で死んだ叔父について聞かされたことがあった。「勝也」と名付けられたその子は、もともと病弱で腎臓が悪かった上に、沖縄戦の逃亡生活が無理を強いたこともあって、敗戦の二年後に亡くなった。

亡くなる少し前は、全身がむくんで顔も腫れ、目も開けられない状態になっていた。部屋に寝かせてあった息子（叔父）がしきりに頭を動かすので、母親（祖母）は肌寒いのかと思い、日当たりのいい場所に移そうとそばに寄ってはっと気がついた。

「くぬ子《くわ》ーや、我《わん》がちらる見ーぶさてーさ（この子は私の顔が見たかったんだ）」

声を出すことも、自分で目を開けることもできなくなった息子の、腫れ上がった瞼を指で開いてやると、目脂がたまった目で母親を見つめていたという。亡くなったのはそれから間もなくのことだった。

祖母はこの話をした後、タンスから白い紙包みを取り出して孫の正に見せた。中には濃い緑色の布製の帽子が入っていた。たった一つの形見だった。

「我《わん》が死にねー、くぬ帽子、我《わん》とぅまじゅん棺に入《い》んてぃとぅらしよー（私が死んだらこの帽子を、私と一緒に棺に入れてくれてね）」

一九九五年にこの祖母が亡くなったとき、正は通夜で帽子のことを思い出した。タンスから取り出して親族に事情を話すと、皆驚き涙ぐんだ。唯一の形見を棺に入れるかどうか逡巡はあったものの、祖母の希望に沿って、納棺のとき胸の前に組んだ手にその帽子を抱かせた。

島袋正は、この祖母の話を、「ウタ」という女性の戦争体験として小説に書いている。作家の名前は目取真俊、作品は「平和通りと名付けられた街を歩いて」（一九八六）である（「祖母」の言葉は目取真『沖縄「戦後」ゼロ年』（二〇〇五）からの引用）。

「平和通り」とは那覇の国際通りから壺屋町へ通じる一大商店街であり、市場通りである。「ウタ」はかつてこの通りで魚を商っていた。朝仕入れた鮮魚を金盥《かなだらい》に入れて道端で売る。

「ええ、姉さん。今魚《いまいゆー》だよ、買《こ》ーらんな」（「平和通りと名付けられた街を歩いて」）

そんな商売をする女たちの中で、ウタにはひときわ存在感があった。いつも人のいい笑いを浮かべているのに、暴力団の脅しにも怯まず、冗談を言ってあしらってしまう。

そんなウタに惚れ込んでいたのが、同じように「今魚」を売る年下のフミだ。ウタも三回り以上歳の違うフミを実の子どものように可愛がった。

そんな二人の女たちを見つめ続けてきたのが、ウタの孫であり、小説の主人公である小学五年生のカジュ（一義）である。彼もウタを大切に思っている。だから最近認知症のせいで徘徊を繰り返すウタを心配し、今日も家を抜け出した彼女を探している。

魚売りの女たちに聞くと、まだ近くにいるらしい。いったん国際通りへ出て、桜坂の下手にあるハンバーガーショップから女子高生に手を引かれて出てくるウタを見つける。うれしくなって駆け寄ろうとした瞬間、彼女は「ふいに立ち止まり、大きく目を見開くと何か恐ろしいものでも目にしたように『ヒイッ』というひきつったような短い叫び声を上げ、坂をヨロヨロと上がり始めた」（同前）。

追いかけたカジュは、公園の榕樹《ガジマル》の根本にうずくまる祖母を見つけ声をかける。

「おばー」

カジュはそっとウタの肩に手を置いた。いきなり手首をきつく握りしめられたと思うや、カジュの体は地面に引き倒され、その上にウタの体が覆いかぶさってきた。

「何ね、どうしたの、おばー」
起き上がろうともがいたが、ウタは信じられないくらい強い力でカジュを抑えつける。
「静かに。兵隊《ぴいたい》ぬ来《す》んど」（同前）

沖縄戦の記憶が、街の喧騒の中で老女の眼前に蘇る。近づいてくるのが米兵なのか日本兵なのかは定かでない。そのどちらも危険なことをウタは知っていた。しかも彼女はただ怯えるだけではなく、孫に覆いかぶさって彼の身を護ろうとした。

目取真はこのウタの行動も、親戚の老女の実話によるものと書いている。家を抜け出した彼女は畑の中にうずくまり、連れ帰ろうとする家族に向かって、「ぴーたいぬすんど（兵隊が来るぞ）」（『沖縄「戦後」ゼロ年』）と警告した。

沖縄戦を生き延びた人々の多くは、その体験を消化しきれないまま、ときにその光景や情動や体感がそのままの様相で〝現前〟する瞬間に立ち会ったのだろう。それは整合性のある記憶へ形成されることのない、生々しい衝撃そのものだったのではないか。

目取真は創作の方法をあまり語らないが、小説という形式による沖縄戦の記憶の継承には、持続的な関心を持っているようだ。実際、「平和通りと名付けられた街を歩いて」では、記憶の表象や共有について、いくつかの方法を試しているようなところがある。上の引用で示したフラッシュバックのような現象もその一つだ。特徴的なのは、ウタが自身で幻視している兵士をカジュにも体験させようとすることである。

ウタは追想していない。自分が体験した場面や人物を孫の眼前に再生しようとする。このやり方を〝現前〟と呼ぶなら、目取真俊とは〝現前〟のヴァリエーションで、作品世界の拡張を試みてきた作家なのかもしれない。

厳戒下の突進

すでに見たように、「平和通りと名付けられた街を歩いて」では沖縄戦の砲声や爆裂音が遠くまた近く響いている。ウタの行動に現れた〝記憶の現前〟と並んで、強く印象に残るのは、フミとウタの〝記憶の共有〟である。ウタがかつてフミに聞かせた、死に際の幼子の様子が、まるでフミ自身の記憶のように蘇ってくる。

激しい雨が降っていた。洞窟《ガマ》の入り口の方に寝ている「義明」にも霧のような沫《しぶき》がかかってきた。ウタは寝場所を奥へ移そうとしたが、義明はなぜか嫌がった。その時、ウタはやっと幼い息子が母親の顔を見るために光を欲しがっていたことに気付く。指で腫れ上がった瞼をそっと開いてやると、その顔にかすかな笑みが浮かんだように思えた。

フミは平和通りを歩きながら、この場面を反芻して思わず涙を落とす。

「この思い出がウタから聞いたことであり、自分の直接体験したことではないということが、信じられなかった。いや、私は確かに腹を痛めて義明という男の子を生み、その子の死をみとったのだ。指先にはまだ義明の瞼の感触さえ残っている、とフミは思った」(「平和通りと名付けられた街を歩いて」)

創作行為の背景に、目取真が祖母から聞き取った話があったことはすでに述べたが、より重要なのは虚構の中で二人の女性が記憶を深く共有し合っていることの方である。しかも、聞いた側の人物は、それを文字通り自分自身の体験と思いなしている。同じ光景に出くわし、同じ恐怖におののき、同じ悲嘆にくれることを通して、個々の記憶はつながり、編み合わされ、より強靭な共通の記憶になる。

フミがその体験をいつかカジュに語り伝えることは確かである。

女性二人の〝記憶の共有〟は、戦争記憶の継承の二つ目の方法と考えてもいいが、より本質的には、フミの記憶の中にウタの記憶がそっくりそのまま〝現前〟したと考えてみたい。目取真の考える戦争記憶とは、おだやかな暮らしの中で、時間や好悪の秩序に沿って並べられていく記憶に、突如暴力的に押し込まれる陥入物のようなものだ。それは何かの拍子に暴発し転入し現前する。フミの記憶にも同じことが起きている。


そして物語は、ウタの「突進」に向けて展開していく。

一九八三年七月十三日、明仁皇太子夫妻は那覇市民会館で開催された「第一九回献血運動推進大会」に参加した。一九七五年の海洋博訪沖時の火炎瓶投擲に懲りて、県も県警も市内に過剰な警備態勢を敷いた。それは、大規模な警備陣の配置に加え、市民生活への圧迫を伴った。皇太子の通過する沿道の全世帯・事業所などへの身元調査、道路沿いのビルについては二階以上の窓やカーテンの開放、また沿道の砂糖きび畑の下葉刈りや民有墓地の草刈り、また農家にはクワやカマ、鮮魚店には包丁の管理（実質的な休業命令）を強いるに至った。「血」の供出を求めてやってきた皇族のための過剰警備である。

目取真によれば、さらに警備当局は「精神異常者を外に出すな」との指示を出していた。「平和通りと名付けられた街を歩いて」で、ウタの家族が直面したのはこうした圧力だった。徘徊を繰り返すウタは危険な人物と見なされていたのである。カジュや母親のハツは刑事と思しき男につきまとわれ、父親の正安（ウタの長男）は職場の上司から母親の行動を制止するように求められる。上司の課長は、最近ウタが徘徊中に排泄物の付いた手で店先の商品に触るので街の人たちが困っていると告げる。母親の醜態を知らせた上で、正安に「その日は」ウタを外出させるなという県警の指示を言い渡すのだ。反発しながらも、正安はウタの部屋に掛け金を取り付ける。

しかしその日、ウタは掛け金をねじ切り、街へ出ていった。

カジュは、祖母を閉じ込める原因になった「二人」に抗議の意思表示をしようと考える。機動隊で埋め尽くされた会場付近へ近づいたカジュは、白バイに続いてカーブを曲がってきた三台の黒塗りの高級車を認める。

「二台目の車の後部座席に、カジュは目の腫れぼったい青白くむくんだ男と女の顔を見た」

人混みをかき分け、歩道の最前列に出て口を尖らせ、二台目の男と女にツバを吐きかけようと身を乗り出したとき、カジュは後ろから激しく突き飛ばされて路上に転がった。


歯の折れる音が頭蓋に響き、金緑色の光が飛び交う中を猿のような黒い影が走る。カジュは死に物狂いで起き上がり、叫んだ。

「おばー」

それはウタだった。車のドアに体当たりし、二人の前のガラスを平手で音高く叩いている。白と銀の髪を振り乱した猿のような老女はウタだった。（前掲書）

警備の屈強な男たちに抗い、ウタは老女とは思えない力で暴れまくる。帯がほどけ着物の前もはだけ、下肢の奥は黄褐色の汚物にまみれていた。手をウタに嚙みつかれた男が、拳で彼女の顔を打つ。

「ウタ姉さんに何するね」

制止する警官を振りほどいて、フミが刑事どもに体当たりを喰らわせる。フミの力強い怒号やけたたましい悲鳴があたりを揺るがせ、くもった空に一直線に放たれた火の矢のように人垣の中で高らかに指笛が上がる。（前掲書）

黒塗りの高級車は、ウタが「二人」の面前のガラスに付けた「二つの黄褐色の手形」を付けたまま走り始めた。見送る人々の失笑でそれに気付いた助手席の老人が、ハンケチやタキシードの袖で拭き取る。車は「笑いとふくよかな香りを残して市民会館の駐車場に消えた」（前掲書）。

ウタの「突進」は、もはや記憶の再生という意味の〝現前〟ではない。むりやり押し込まれた記憶に抑圧されていた怒りが「象徴」を目がけて暴発したのである。〝現前〟したのは、ウタに集約された人々の屈辱の記憶だった。そうでなければ、「高らかに指笛が上がる」わけもない。

翌日の早朝、カジュはウタと二人だけで、ウタの故郷山原《やんばる》方面へ向かうバスに乗り込んだ。陽射しを受けてウタは静かに眠っているように見えた。

「おばー、山原はまだかなー」

ウタの額は冷たくなっていた。

足を吸う兵士たち

「平和通りと名付けられた街を歩いて」のほぼ十年後に書かれた「水滴」は、一九九七年度上半期の芥川賞（第一一七回）を受賞した。選考委員のうち、高い評価を与えたのは、日野啓三、河野多恵子、池澤夏樹の三人。当時沖縄に住んでいた池澤は、「他の候補作がみなどこかで文学を（人生を?）なめているのに対して、この作品だけは誠実にテーマに向き合い、しかも充分な技術があるおかげで自己満足に陥っていない」と書いた。また石原慎太郎は、高い評点は付けなかったものの、「戦争体験なるものは沖縄にとってただ遺産にとどまらず、今日もなお財産として継承されている」と記した（以上の選評は『文藝春秋』一九九七年九月号より）。

ストーリーは実に奇抜である。

徳正《とくしょう》の右足が突然腫れ出したのは、六月の半ば、空梅雨の暑い日差しを避けて、裏座敷の簡易ベッドで昼寝をしている時だった。五時を過ぎて少しは凌ぎやすくなっており、良い気持ちで寝ていたのだが、右足に熱っぽさを覚えて目が覚めた。見ると、膝から下が腿より太く寸胴《ずんどう》に膨れている。

（「水滴」、一九九七）

話はこのように始まる。

原因の分からないまま、右足はどんどん膨らんでいく。妻のウシはその様子を見て驚くが、これでは仕事が全部自分に回ってくると思って腹を立て、脛のあたりを思い切り張った。パチーン！　この打撃で親指の先が小さく破れて水が噴き出した。

見物に押しかける村人たち。若い医者は水の成分に石灰分が多いと指摘するばかりだ。大学病院に連れていきたいという彼の提案はウシの反対で潰える。

その日の夜から、徳正のベッドの脇には兵隊たちがやってくるようになった。

男たちはいずれもぼろぼろの軍服をまとい、皆手酷い傷を負っていた。最初の一人が徳正の踵に口をつけ、足から滴り落ちる水をなめる。恐ろしさとくすぐったさを堪えていると、男は立ち上がり、次の男が同じようにしゃがんで足をなめる。兵隊たちは一方の壁から現れて足をなめ、終わるともう一方の壁の中へ消えていく。

この日から、兵隊たちは毎晩現れるようになった。

そして、徳正は彼らの中に見覚えのある男を見出す。村から一緒に首里の師範学校に進み、鉄血勤皇隊員として行動を共にした石嶺だ。二人は同じ部隊に配属された。米軍の猛攻撃を受け、洞窟から洞窟へ移動を繰り返すうち、石嶺は被弾して深手を負った。南部への撤退命令が下され、徳正は彼を置き去りにしたまま自然壕を後にした。兵隊たちはどうやら、その壕に残された者たちのようだった。

二週間が過ぎる頃、夜明けに徳正は石嶺と二人だけで向き合った。終始うつむいていた石嶺が顔を上げてこちらを見つめる。徳正は別れの日のことを思い出した。あの日、同じ村出身の宮城セツが渡してくれた水筒から石嶺の唇に水を滴らせた後、徳正は我慢できず残りの水を飲みほしたのだった。

「赦してとらせよ、石嶺……」（同前）

壕を出た徳正は、摩文仁海岸で米軍の捕虜になって生き延びた。収容所を出て村に帰り、石嶺の母に息子の消息を尋ねられると逃げる途中で見失ったと嘘をついた。さまざまな職に就き、結婚した。事実を知る宮城セツが、摩文仁で死んだことを知ったのはだいぶ後だった。悲しみと怒りが安堵と一緒にやってきた。酒量が増えたのもそれからだった。

二人だけの夜明け、石嶺は一心に水を飲んでいる。徳正は五十年余ごまかしてきた記憶と死ぬまで向かい合うことに怯えていた。

「イシミネよ、赦してとらせ……」（同前）

すると石嶺の顔に赤みが差し、微笑みさえ浮かんだ。ふいに徳正のこころに怒りが湧いた。

「この五十年の哀れ、お前が分かるか」（同前）

それに答えず、石嶺は渇きがとれたと言って消える。徳正の足の腫れも引き始めた。

この作品で〝現前〟するのは、死んだ学友の石嶺のみならず、壕に取り残された兵士たち全員である。

また、彼らは現れるだけではない。徳正の足から水を啜り、石嶺は徳正に声をかけてくる。彼らはたんに押し入ってきたのではなく、生き残った男に悔恨や贖罪の機会を与える使命を帯びているようだ。まるで、死の世界にも生の世界と同様の面倒や過酷があることを伝え、慰めにきたような風情さえある。

水の虚構の二重性

徳正の足から滴る「水」は捉えがたい。

まずそれは傷つき、洞窟で死を待つ兵士たちの渇きを癒す水である。徳正は一人の友人だけでなく、見捨てられた者たちすべての「渇き」を癒すことを求められる。

ところが石灰分が多少多いだけの〝ただの水〟は、実は増毛・勃起・美肌などの奇妙な効能を発揮する〝ただならぬ水〟でもあった。徳正の従兄弟、清裕《せいゆう》はそれに気付き、売り捌いて大金を得る（ただしその効能は一時のものであるために清裕は袋叩きに遭う）。

この寓話のような「奇跡の水」のエピソードは、芥川賞の選考委員にあまり評判が良くなかったようだが、徳正の人格の二重性にもつながる重要なファクターではないか。

彼は一方で友の置き去りという不実を悔い続けながら、他方でその事実を隠し露見を怖れてきた人間である。その「五十年の哀れ」に苛まれながら、生き抜いてきた人物でもある。確かに徳正は、妻のウシのように（あるいは「平和通り」のフミのように）真っすぐな人間ではない。悲劇的な矛盾を抱えながら、生き抜いてしまった人間なのだ。目取真があえて書こうとしたのは、自身の戦争体験をそのまま語り切れなかった人々の物語なのだろう。そのような、いまだ語られていない物語を開示するために採用されたのが〝死者たちの現前〟だった。徳正が（半ば無意識に）忘れかけていた兵士たちが現前するのは、彼らが訪ねてくる理由が出来《しゅったい》したからだ。

その経緯は、徳正が乞われて、十年前から小学生に向かって、自身の戦争体験を講演するようになったことに始まる。予想外の好反応に彼は面食らったが、村内の他の学校ばかりか隣町からも声がかかり、いくつも取材を受けているうちに、話のコツのようなものも習得していく。子どもたちの拍手や花束もうれしかったし、謝礼金も楽しみになった。

しかし、そんな夫に妻はこう言い放った。

「嘘物言《ゆくしむぬ》いして戦場《いくさば》の哀《あわ》れ事語てぃ銭儲《じんもう》けしよって、今に罰被《ばちかぶ》るよ」（同前）

強引で乱暴だが真っすぐな妻、ウシの警告が前触れであったことはほぼ確かである。

もちろん徳正が小学生に語った沖縄戦の体験が、まったくのつくり話であったわけではないだろう。子どもたちのこころを震わせる何かをその老人はつかんでいた。しかも場数を重ねて、彼は語りの技も習得していった。

しかし、その「嘘物言《ゆくしむぬ》い」をウシは見破っていた。彼女は警告し、徳正もまた「話し終わるたびに、これで最後にしようといつも思った」。見舞いに来た子どもたちに励まされ、「一瞬、今までの嘘を全部謝ろうかと思った。自分が戦場で実際にやったことを語ろうかと思った。しかし、思っただけだった」（同前）。

ここには戦争体験を語ることの難しさが微妙な言い回しで述べられている。いったい徳正はどんな話を子どもたちに聞かせていたのだろう？

「初めは無我夢中で話をしていた徳正も、しだいに相手がどういうところを聞きたがっているのか分かるようになり、あまりうまく話しすぎないようにするのが大切なのも気づいた。調子に乗って話している一方で、子供達の真剣な眼差しに後ろめたさを覚えたり、怖気づいたりすることも多かった」（同前）

いったん「嘘物言い《ゆくしむぬ》」を徳正が認めてしまうと、実はこの小説の骨組み自体がぐらつき始める。クレタ人であるエピメニデスのパラドックス（「クレタ人はいつも嘘をつく」）のようなものが導入され、彼が口にする「戦場《いくさば》の哀《あわ》れ事」全体が疑念の対象と化してしまう。

とすれば、死者たちが現前したのは、徳正の自己言及を停止させるためではないのか。ここに事実があると彼らが身を以て示さない限り、徳正の「戦争体験」は永遠に嘘を連鎖させていく。彼の懊悩を断ち切るには、そのような手立てしかなかったのだ。

「イシミネよ、赦してとらせ……」という詫びの言葉によって、エピメニデスならぬ徳正の「パラドックス」には終止符が打たれた。確かに足の腫れが引き、水が止まると兵隊たちが現れることはなくなった。徳正はウシにそのことを話そうかと思ったが、結局話せなかった。ただ、体調が回復したら、ウシと一緒にあの壕を訪れてみたいと思った。ここに隠れていたのだとだけ言い、花を捧げ、遺骨を探すつもりだった……。

「そう決意する一方で」と、小説は主人公の優柔不断へ言葉をつないでいく。徳正は、またぐずぐずと先延ばしにして、記憶を曖昧にしていく自分を怖れながら、やめたはずの酒をまた飲み始めていた。「平和通りと名付けられた街を歩いて」のほぼ十年後、目取真は、沖縄戦を生き延びた愚直で平凡な（しかもさほど正直ではない）男を主人公に、戦争の事実を認め語ることの可能性と難しさを提示したのではないか。もはや〝現前〟するのは、ただの記憶ではない。主人公の記憶に根差しつつ、そこから離脱して、主人公に働きかける兵士たちである。言葉を換えていえば、沖縄戦の記憶は目取真の手によって、内閉的な時空間から解放され、当事者と相対する「他者」に変じたともいえよう。

私は、「水滴」には、そんな明るさも灯っているような気がしている。

伝令兵の気配

目取真俊の一九八〇年代と九〇年代の二つの作品を見てきた。両者を読み比べて感じるのは、時間的に遠ざかる沖縄戦をいかにして引き止めるかという書き手の危機感である。一九四五年に十四歳だった目取真の父は、最年少の鉄血勤皇隊員として前線を経験し、その記憶を一九六〇年生まれの息子に語った。既出の『沖縄「戦後」ゼロ年』によれば、明治生まれの祖母もまだ元気だったようだから、彼は二世代分の沖縄戦を近親者から聞いた最後の世代に属する。

一九八三年の沖縄を舞台とする「平和通りと名付けられた街を歩いて」に登場するウタは七十六歳に設定されているから、認知症さえ発症していなければ、まだ魚を売る元気も、沖縄戦の詳細な経験を語る気力も持ち合わせていたはずである。

「水滴」の徳正とウシの夫婦はどうか。夫は「十七歳のままだった」という石嶺と師範学校の同期だから、目取真の父よりやや年長である。「この五十年の哀れみ」という文中の言葉から小説内の時間が一九九五年頃であることが分かる。足が腫れた時点の徳正は、六十七歳前後、「二つ上のウシ」もまだ七十歳になっていない。

つまり一九九〇年代までは、沖縄戦を物心つく頃に体験した昭和一桁世代も、その父母たちの世代も健在だったのである。しかしその十年後、二〇〇〇年代半ばあたりから様相はかなり変わっていったはずである。

そうした意味合いでも、二〇〇四年に発表された目取真の「伝令兵」は興味深い作品だ。物語のプロット自体に沖縄戦を知る世代の退場と記憶の継承が書き込まれており、そこに痛苦な想いがあったことを読者は知るからだ。

物語の舞台は、コザの街である。

塾の講師、金城は深夜の街へランニングに出た。いつものコースのようだ。かつては米兵向けの歓楽街（「BC通り」）だったパークアベニューの明かりを横目に見て住宅地を一周し、欲張って二週目を走っていると、四人の米兵を乗せた車が追いついてきて、身振りで女性と遊べる店を尋ねてきた。三か月前、本島北部で少女が米兵から暴行を受けるという事件があったばかりだった。殴りつけたかったが、とうてい勝てる相手ではない。無視していると明らかに挑発してきた。

「腐りアメリカーが、なめるなよ、おい」（「伝令兵」）

この一言がきっかけになり、米兵と金城の小競り合いが始まる。逃げる金城を四人の屈強な男たちが追ってくる。もはやこれまでというときに、自販機の陰の暗がりへ引っ張り込む手があった。うずくまって身を隠す金城は、なぜか米兵たちの目に入らなかった。

金城の窮地を救ってくれたのは、十四～五歳の少年のように見える小柄な人影だった。衣服はぼろぼろで胸から腹にかけて大きな黒い染みができていた。脛に巻いた布、つま先の破れた靴。沖縄戦の記録フィルムに出てくる日本兵のような身体には、首がなかった。

金城はこの奇妙な体験を行きつけのバーで話した。するとマスターの友利《ともり》がこう言う。

「伝令兵ですよ」

そして店の壁にかけてあったコザ暴動の写真を見せ、米兵の車を燃やす人々の中に、首のない人物が写っていることを示した。友利によれば、鉄血勤皇隊に配属された少年が、伝令兵として戦場を走り回っている最中に、艦砲の破片で頭を吹き飛ばされた。以来彼は、戦争が終わったことも知らず、今でも陣地を探して走り回っている……。

ここから、一人称はマスターの友利になる。

その写真を撮ったのは、彼の父親だったのだ。

首のない救援者

一九七〇年十二月二十日の夜、コザの街は燃えた。

友利の父親は市役所に勤める実直な男だったが、同僚から事態を知らされるとストロボの付いたカメラを持って出ていった。帰ってきたのは夜が白み始める頃だった。

父親は撮った写真をコンクールに出すつもりだったが、ついに実現しなかった。その代わり毎晩のようにカメラを手にして街へ出ていくようになった。

原因は、自分で撮った写真に写っていた首のない少年だった。少年は父親と同じく鉄血勤皇隊に配属された同級生の伊集《いじゅ》に違いなかった。

一九四五年五月、雨が数日続いた午後、伝令に出た伊集が戻ってこない。心配した友利の父親は級友を探すために、次の伝令役を買って出た。米軍の猛烈な砲撃を浴びながら、彼は伊集を見つけるが、すでに頭部はどこかへ吹き飛ばされていた。後で必ず埋葬に来るからとこころで約束したものの、ついにその機会は来なかった。

父親の伝令兵探しは六年ほど続いた。役所勤めを辞め、退職金で小さな飲み屋を開いたが、十二時過ぎに街へ出ていく生活は変わらなかった。母親はそんな夫を当てにせず、店を切り盛りした。親に見捨てられたと感じた友利は荒れ、復帰後の混乱で家族も崩壊寸前だった。なんとか持ちこたえたのは、父親がカメラを処分し、戻ってきたからだ。家族と飲み屋は徐々に回復していった。

なぜコザ暴動から六年ほどで、父親が伝令兵探しを止めたのか、その理由は書かれていない。復帰からは四年、ベトナム戦争はすでに終結し、コザの街が多少落ち着きを見せるようになったからだろうか。それとも父親は伝令兵を見つけ、任務が終わったことを告げたのだろうか。

おそらく家族の誰もそれを尋ねていない。六年間の伝令兵探しに父親も家族も疲れ果てていた。もう一度、そのことを持ち出すのは憚られた。カメラを処分するのと同時に、首のない兵隊のことは封印されたのだ。

荒れていた友利も店を手伝うようになった。高校卒業後は調理の専門学校へ通って、やがて店を継いだ。数年後、父親が亡くなったのを機に居酒屋からカクテルバーに改築した。経営は楽ではなかったが、仕事には満足していた。結婚し、娘のイズミが生まれた。

コザ・ゲート通り

しかし友利一家の幸福は長く続かなかった。「三年前の夏の夕方」、イズミがバイクに撥ねられ、死亡した。以来夫婦の間には亀裂が走った。

金城が「伝令兵」に遭遇した晩、友利は離婚届の封筒を投函し、コンビニで買ったインスタントカメラで、金城が身を隠した自販機を写した。そのとき、小さな女の子が彼の横を走り過ぎた。友利は「イズミ」と呼びかけた。

中央公園の展望台に上った友利は、ベルトを引き抜き、手すりにかけて輪をつくった。その輪に首を入れ、体重をかけた。


突然、体が浮いたかと思うと、喉に食い込んでいたベルトがはずれた。背中を二度、三度と強く叩かれ、気道を広げて流れ込んだ冷気が、肺を押し広げていく。四つん這いになって友利は激しく咳込み、嘔吐した。酒精と酸の臭いが鼻をつく。胃が波打ち、喉が鳴り、口から垂れた液と涙が吐瀉物に落ちる。冷たい掌が友利の背中をさすり続ける。友利は手で目を拭うと、傍らにしゃがんだ人の足を見た。布製の靴の破れた爪先から親指がのぞいている。泥にまみれた靴の上は、ズボンの裾を布で巻いてあって、ゲートル、という言葉が脳裏に浮かんだ。（「伝令兵」）


一九八〇年代から二〇〇〇年代にかけて、約二十年間に書かれた目取真の三つの小説を順にたどってきた。いずれも沖縄戦を背景に持つ作品である。いや、「背景」という言い方は違うかもしれない。沖縄戦はどの作品にあっても、物語の前景へせり出し、有無を言わさずに〝現前〟するからだ。

しかし、かたちをなして〝現前〟するものは少しずつ変化してきた。

「伝令兵」で〝現前〟する首なし少年兵は、「平和通りと名付けられた街を歩いて」のフラッシュバックとは別種のものだし、「水滴」の水を求める兵士たちとも役回りにおいてかなり異なる。

伝令兵は、いまだ終わらない沖縄戦の戦況を伝えるために〝現前〟してくる。不幸にして継承されなかった戦争の記憶を携えたまま、夜の街を駆けてくる。しかも不思議なことに救済者の役割を担い、あまつさえ世代や係累を超えて危地に駆け付けてくるのだ。

目取真はおそらく、戦争記憶の継承の仕組みや制度について、何かを述べようとは思っていない。それはどちらかといえば為政者の仕事である。彼が小説家として関心を持ち、かかわろうとしているのは、記憶を手渡し、受け取る複数の当事者たちであり、彼らの内に起きる変化なのだろう。

石原慎太郎は、「戦争体験は沖縄の遺産ではなく財産である」と語った。わざわざ「遺」に代えて「財」を使った意図は定かではないが、この無形の「価値」が沖縄の人々をつなぐ、最大で最強の分母であることは間違いない。目取真はおそらく一生を懸けて、この価値の源泉にアクセスし、多種多様な〝現前〟のかたちを生み出すことだろう。そしてとても重要なことは、それらの作品群が読み手を強く惹きつける、重厚かつ微細な物語世界も構築していることである。

第十三章　沖縄のリアリティ

沖縄ヘイト

二〇二二年一月二十七日、沖縄市宮里の路上でバイクに乗っていた男子高校生（十七歳）と男性警察官（二十九歳）が激しく接触した。高校生は救急搬送されたが、眼球破裂で右目失明と診断された。母親や消防隊員には「警棒で右側から殴られた」と証言。沖縄署は「警察官が職務質問のためバイクを停車させようとして右手が当たった」と説明した（後日、警棒を抜いていたことが判明）。

大けがを負った高校生を撮影した画像がＳＮＳで拡散されると、深夜から翌日未明まで数百人が沖縄署を取り囲んで抗議、投石や施設の破壊なども起きた。

事件は本土のマスメディアやネットニュースでも報道され、ネット上に大量のヘイトメッセージが出現するという新たな局面へ展開した。高校生が暴走行為に参加していた、ヘルメットを着用していなかった、盗難車・無免許だったなどの偽情報が流されたこともきっかけになったが、沖縄署に対する「反権力」的な行動がヘイトメッセージ発信者を刺激した可能性もある。

「そんなクズ射殺しろよ（笑）」
「沖縄はいまだに未開土人の国」

「土人やん、さすが低学歴低収入の国、民度がちげぇや」
「沖縄の土人共にスマホ持たすのは50年早かった」

以前からヘイトスピーチと闘ってきた市民団体「沖縄カウンターズ」は、こうした暴言を五〇〇件近く収集し（先の引用もその一部）、展示の場を設ける一方で県にも働きかけた。検討が始まっていたヘイトスピーチ規制条例の対象拡大（沖縄人へのヘイトも対象とする）や氏名公開などの罰則強化を求めた。ちなみに頻出する「土人」は、二〇一六年、東村高江《ひがしそんたかえ》の米軍北部訓練場のヘリパッド建設現場で、抗議中の市民に、大阪府警の機動隊員が吐いた言葉だ。

沖縄の人々へのヘイトメッセージはなぜ、どのようにして生まれたのだろうか？　また発信者たちは、沖縄の人々をどのように捉えているのだろうか？

ここではリアルな場でヘイトスピーチを行う者とヘイトメッセージをネットで発信する「ネット右翼」を厳密に区別することはしない。街頭右翼の多くはネット右翼が母集団だといわれるし、彼らはリアルとネットの境界をさほど意識していないと推測できるからだ。

早期の事例では、二〇一三年一月、オスプレイ配備撤回を求める東京行動で、翁長雄志那覇市長（当時）をはじめ県内市町村長など一四〇名が他の参加者と共にパレードをした際、日の丸や星条旗を掲げた「在特会（在日特権を許さない市民の会）」などの右翼団体が「売国奴」「日本から出ていけ」といった罵声を浴びせたことがある。沖縄の代表がヘイトスピーチに見舞われたほぼ最初の体験だった。

この事例で分かるように、基地反対運動は反日的行動として彼らのターゲットになる。辺野古の工事現場ゲート前で反対派の市民を威嚇する街宣車も同様だ。また、コロナ禍以前から那覇市役所前では、沖縄在住の中国人に対するヘイトスピーチが恒常的に行われていた（「沖縄カウンターズ」はこれの阻止を目的に継続的な座り込みを行っていた）。

ただ、二〇二二年一月の高校生失明事件をきっかけに出現したヘイトメッセージはやや性格を異にする。警察署への投石が反社会的行動だとしても、それがヘイトメッセージにつながる回路は見えにくい。もしつながるなら、そこには沖縄そのものがネット右翼にとって嫌悪の対象になっている可能性がある。

沖縄批判の論理

〝沖縄ヘイト〟は沖縄と沖縄人に対する新手の差別行為である。ただ私が気になるのは、ヘイトスピーチ／メッセージとシンクロするように、もう少し体系的な〝沖縄批判〟言説が存在することである。高校生失明事件に関連するヘイトメッセージの中には次のものもあった。


「こんな土人に毎年3千億円もエサ代本土から送ってるとか舐《な》めてんのか」

（『沖縄タイムス＋プラス』二〇二二年二月三日）


「毎年3千億円」は「沖縄振興予算」のことだろうが、沖縄限定の恩典のように思わせる文面である。いや、たぶん書き込んだ人物も内容を正確に把握していない。「沖縄振興予算」の内実は国庫支出金である。他県では国が使途を特定し各省庁を通じて交付しているものを、沖縄だけは内閣府がとりまとめて交付する仕組みになっている（ゆえに「内閣府沖縄担当部局予算」とも呼ばれる）。

この特殊な交付方式は「沖縄振興開発特別措置法」（一九七二）で定められ、復帰当初は「非力な県政の補佐」という意味合いもあったようだが、実際は予算管理の一元化という国側の理由によるものだろう。「沖縄振興予算」の名称のせいで、実はいまだに〝沖縄への特別な補助金〟と認知されることが多い。

これは一つの例にすぎないが、ヘイトメッセージの発信者は、差別意識をベースにしながら、「特別扱い」や「不公平」に対して過敏に反応する傾向を持っている。「毎年3千億円」の文には、義憤と嫉妬を混ぜ合わせたような薄暗い感情がある。そんな沖縄への悪感情の持ち主は、彼らを刺激するモノやコトやヒトを見逃さない。高校生失明事件は、ヘイトメッセンジャーのスイッチを入れる打ってつけの出来事だった。

ヘイト行動は氷山の一角だろう。アクションに出る者は一部で、水面下には同調する大きな悪感情の塊がある。もちろん、それは自然に出来上がったものではない。「毎年3千億円」が浸透するには、それなりのインフルエンサー（影響力を持つ発信者）が必要である。

本土のメディアに、沖縄の抱える「不都合な真実」を解き明かす論者が現れるようになったのは、二〇一〇年前後ではないだろうか。彼らは意図的に「沖縄ヘイト」を仕掛けようとしたわけではないかもしれないが、結果的にはそちらへ流れる〝空気〟をつくり出している。

主要な論調は、例えばこんなものだ。

見出しには、「毎年三千億円の巨額支援」。まず読者の目を引き、刷り込む。そうしておいて、「沖縄県にいったいどれくらい国民の税金が投入されているかご存知ですか？」と問いかける。「税金」がキーワードだ（「血税」でもいい）。

次に「沖縄振興予算」が国と県の密談で決まるような印象を与える。それが各県へ交付される国庫支出金と同じ性格のものであることは説明しない。

さらに付け加えて、革新系の大田知事の時代には四千七百億円まで昇りつめ、保守系の稲嶺知事になってから逆に減り続け、仲井眞知事はそれを戻すのにひどく苦労したと歴史のおさらいが付いているかもしれない。

この手のメッセージのポイントを改めて示すと、一つ目は「税金が投入されている」という語り口で、あたかも沖縄県人はフリーライダー（ただ乗り）であるかのような錯覚を与えている。二つ目は、「沖縄振興予算」が特別なカネであり、何かの取り引きが行われる仕組みが存在するような暗示だ。三つ目は、〝革新県政〟が〝保守県政〟よりも強欲で国に金をせびるという印象を与えていることだ。

二つ目の「何かの取り引き」というのは、いうまでもなく「振興予算」と「基地問題」のバーターである。復帰以後の県政で、それに近いことが何度か起きたことを我々は知っている。ただ、〝沖縄批判〟の論理の中では、「基地問題」はたんなる金ヅルとして、ややスキャンダラスに説かれる場合が多い。

ここにも複数の解説パターンがある。

第一のパターンは、基地の容認・維持と引き換えに多様な振興策が、地元企業に（実は本土企業にも）多額の税金を流し込んでいるというストーリーである。

第二は、第一の応用篇とでもいうべきもので、基地反対を強く打ち出せばその分だけ見返りが増えるというやや露悪的なストーリーだ。かつて大田知事が基地反対の拳を上げれば、そのたびに金が落ちるので、「黄金の拳」と呼ばれたというジョークがあったらしい。

第三は、基地の継続／返還に伴うカネの内情だ。一方には、不労所得である基地の借地料収入を失いたくない地主がおり、他方には返還後の跡地利用に不安を持つ地主もいる。後者の不安は、商業施設中心の再開発が過剰飽和に近づいているからだ。本土資本が高い値段で買ってくれないなら、何のための返還だか分からなくなってしまう……。

沖縄は、一方で基地の整理・縮小を言い募りながら、実は他方でそれを遅延させ、金ヅルをできるだけ長く太く生かしておきたいと思っている——〝沖縄批判〟には、この手の〝裏事情〟も織り込まれることがある。

貧困をあげつらう言葉

〝沖縄批判〟には他にもテーマがある。「基地とカネ」に並ぶ代表的なものは「貧困」である。さまざまな指標で見ると、沖縄の貧困は確かに深刻である。

樋口耕太郎の『沖縄から貧困がなくならない本当の理由』(二〇二〇)には、次のような現状が記されている。

約3割に達する子どもの貧困率(1位、全国平均の約2倍)、給食費未納率(1位)、一人当たり県民所得(最下位)、非正規雇用率(1位)、失業率(2018年まで1位)、離婚率(1位)、若年離職率・失業率・高校・大学卒業後の無業率(1位)、その背景として、高校・大学進学率(ワースト1位)、高校中退率(1位)、10代婚姻率(1位)、10代の出産割合(1位、全国平均の約2倍)、離婚率(1位)、デキ婚率(1位)、シングルマザー世帯出現率(1位、全国平均の約2倍)、一人親世帯の子どもの貧困率(1位、約58・9%)……。

このように、ふがいない沖縄の姿を見せておいて、批判者たちはその原因を沖縄の社会や文化の特徴に探ろうとする。そこで顔を出すのはお馴染みの「なんくるない」や「てーげー」だったり、狭い島社会ゆえの容認主義だったり、尖ったもの異質なものを嫌う同調主義だったり、変化・改革のリスクを嫌う現状維持だったりする。

要は、彼ら批判者たちが槍玉にあげるのは、戦後日本が粉骨砕身して追求してきた「効率性」と「合理性」にさほどの関心を示さないオキナワンスタイルである。確かに我々本土人たち、特に高度経済成長を担った戦中世代とそのジュニアたちである団塊世代にとって、効率と合理が支える生産性神話は親しみ深いものだ。

しかし、沖縄のこころは、あまりそれに馴染まなかった。つまり「異質」だった。上に列挙したナンバー1もしくはワースト1のオンパレードは、極論すれば本土基準の指標によっている。同じ日本国家に帰属しているのだから、仕方ないといえば仕方ないが、本来は沖縄の側がもっと沖縄の価値観に即した指標で世界を測るべきなのではないか——余計なお世話と知りつつも、私はそんなふうに考えてしまう。

それからもう一ついえば、沖縄の社会を覆う貧困や格差はすべて、日本全体を覆う貧困や格差と同質のものである。沖縄だけに固有のものはない。樋口が言うように「(貧困問題の——引用者) 原因の原因の原因……を突き詰めていくと、多くの場合、それは自分自身の中に戻ってくる」(前掲書)。ただ、それは——まるで米軍基地と同じように——沖縄に高いレベルでしわ寄せされてしまっているのだ。

しかし残念なことに、沖縄の現状は批判者にとって格好の標的になっている。いわく、〝弱点や欠点を互いに容認し、横並びの同調圧力で牽制し、現状維持志向でめんどうを起こそうとしないあなた方は、自ら貧困と格差を生み出しているんですよ〟と本土から厳しい声が飛んでくれば、沖縄の人々は首をすくめ、今まで以上に本土を嫌う。

しかし、それらの批判の趣旨や内容を見れば、これらもすべて本土に共通する事柄である。いまだに本土企業の集団主義や現状維持性向は健在だし、コロナ禍中には本土社会の同調圧力が大きな顔をして浮上した。

でも、ヘイトの連中はそんなことまで考えない。彼らは弱い者を叩き、嘲ることによってしか自分の存在を確かめられない悲しい人種である。

ヤマトへの感情と沖縄経済

復帰五十年に合わせ、沖縄タイムスが行った県民意識調査によれば、「本土との格差があるか」と尋ねたところ、八九％が「格差がある」と回答していた。格差の中で一番問題とされたのは「所得」（六二％）で、二番は「基地問題」（二三％）。「格差がある」との回答は、二〇〇二年・二〇一二年とも七〇％台であり、実感に基づく数値ではあるものの、明らかに格差感は拡大してきている。

「本土の人たちが沖縄のことを理解しているか」の問いに対しては、「理解していない」という回答が八〇％に上った。また世代別に見ると、年齢が高いほどパーセンテージが上がる傾向がある。また、SNSなどのインターネットによる誤情報が多いと回答した人が全体の約五割を占めたという。

これらの本土と本土人へのネガティブな認識とは裏腹に、「日本に復帰してよかった」との回答は八五％に達した。この設問への回答は、一九九二年の八八％から二〇〇二年の八七％、二〇一二年の八三％とずっと高率を維持してきたものだが、先の「格差」や「沖縄理解」の質問への回答との矛盾は今回もっとも顕著になっている。

一つずつ考えていこう。

まず、所得格差については、本土との差が縮まらないことへの苛立ちがある。沖縄県の資料で、復帰以後の所得水準と沖縄経済を振り返ると、復帰時（一九七二年度）に四十四万円だった一人当たり県民所得（註）は、大田県政のスタート直後の一九九二年に二百四万円に達した。二十年で約四・六倍の高伸長率である。急激な経済成長によって四千六百億円から三兆円へ拡大した県内総生産（名目）がもたらした成果である。高度成長期の本土から〝輸入〟した開発型経済計画は、紆余曲折しながらもそれなりに花を咲かせたといえるのかもしれない。

註――県民所得を総人口で割ったもので、乳幼児や高齢者を含む県民一人当たりの所得水準を表す。なお県民所得は財産所得、企業所得も含み、給与など個人の実収入の水準を表すものではない。

ただし、一九七二年度の国民所得は七十四万円だから沖縄はその五九・五％であり、一九九二年でも国民所得二百九十七万円に対して六八・七％に留まる。この差はいまだに縮まらない。二〇〇〇年代でも七〇％台の水準を突破できず、二〇一八年でも一人当たり県民所得は二百三十九万円で国民所得三百二十万円の七四・七％である。まるで見えない天井があるようだ。

こうなると、「構造的経済差別」という言葉も口をついて出そうになる。日本という国に迎え入れた以上は、制度のみならず経済上の平等と公平を実現してほしいという気持ちが出てくるのも不思議ではない。

所得水準の停滞の原因を、「21世紀ビジョン基本計画　総点検報告書（素案）完成版」（二〇二〇）は、低い労働生産性（全国平均の七五％）に起因するものと断じている。沖縄で主要な雇用の受け皿になっている卸・小売業、宿泊・飲食サービス業、医療・福祉などの業種の生産性が低く、かつこれらの産業の従事者数が増加しているからだという。

もっともこうした指摘から発想される策はありきたりの感がある。せいぜいのところ、「高付加価値化」のような通り一遍のスローガンが語られるのが落ちだろう。素人にいわせてもらえば、メガネ自体を変えない限り、見える景色は変わらないし、方策にも新味は生まれないのではないか。

それから、個々の計画の不足や欠点以上に、半世紀に及ぶ〝計画思考〟自体がマイナスの効果を発揮したのではないかという懸念もある。それは、「国のカネ」が抑圧的でしかも無責任なモードを帯びるからだ。当たり前だといわれそうだが、「国のカネ」とは「予算」である。「予算」は管理される。権力に管理されるカネは、道路やハコモノには多少の効果を発揮するだろうが、こと「自立的発展」にはそぐわない。乱暴な言い方をすれば、この五十年、国は沖縄を〝予算漬け〟にし、結果的に「自立」のマインドを削り取ってきたように見えるのだ。

しかも、沖縄と本土の溝はさらに深くなっている。

目取真俊は「内側の病」というエッセイで、一九九〇年代後半から始まる島田懇談会事業、北部振興事業など沖縄の「自立」をうたう国の施策が、ことごとく依存と従属化を謀るものだったと記したあと、こう書いている。

いや、もっと怖いのは、基地カードを使って政府から金と振興策を引き出すという手法が、この10年近く当たり前のようにくり返されることにより、沖縄社会は深い所で退廃していながら、私たちはそのことに気づいてさえいないのではないかということだ。

（「内側の病」、『ヤンバルの深き森と海より』、二〇二〇）

このような言葉に接すると、沖縄と本土を分断したのが、辺野古移設に代表される基地問題であることが、今さらながらに痛感される。本土の人々は基地から目を逸らし、沖縄の人々はそんなナイチャーに絶望する。絶望した沖縄がそれじゃあカネをよこせというと、本土の方はどれほどの税金をふんだくれば満足するんだと息巻く。そんな不毛な罵り合いが基地問題を宙吊りにし、ますます語りにくい雰囲気をつくり出してしまう。

本土人の沖縄理解に対する沖縄人の否定的な認識は、こうした感情的不具合に根ざしている。「辺野古」や「基地」という咀嚼しにくい問題を間に置いて、沖縄と本土は相手の声をうまく聴き取れなくなってしまった。相変わらず多くの本土の観光客が訪れていても、両者の関係は以前とは別のものになり果てている。

ごちゃごちゃ言わんで、本土に基地を持って帰ってよ。

これは近年、沖縄問題に理解を示す（ふりをする）本土人に、沖縄人が投げつける科白だという。幸いにも、私はまだ見舞われていないが、とっさに返す言葉はまだ思いつかない。

一九九五年の少女暴行事件のとき、上間《うえま》陽子は東京で大学院に通っていた。一〇月二一日の抗議集会の後、指導教員の一人が彼女に向かってこう話しかけたという。

「すごいね、沖縄。抗議集会に行けばよかった」

「行けばよかった」という言葉の意味が分からず問い返すと相手はこう答えた。

「いやあ、ちょっとすごいよね、八万五〇〇〇は。怒りのパワーを感じにその会場にいたかった」

上間はびっくりして黙り込んだ。

それから折に触れて、あのとき私はなんと言えばよかったのかと考えた。私が言うべきだった言葉は、ならば、あなたの暮らす東京で抗議集会をやれ、である。沖縄に基地を押しつけているのは誰なのか。三人の米兵に強姦された女の子に詫びなくてはならない加害者のひとりは誰なのか。

（『海をあげる』、二〇二〇）

復帰から五十年をかけて、本土人は沖縄人と距離を縮めることに失敗した。そのことを認めよう。すべてが無駄だったとは思わないが、もっと丁寧なやり方も、もっと着実なやり方も、もっとこころを尽くすやり方もあったような気がする。私がようやく学んだのはそのようなことだ。

果たして次の機会があるのかどうかは分からない。でも、もう五十年かけて、やり直すべきことはここにある。

沖縄のリアリティ

前書きで、「この本で、私が考えてみたいと思っていることが二つある」と書いた。

一つめは、本土の人間が、ときに「拒絶」に遭遇しながらも、なぜ沖縄への想いを抱き続けるのか。

二つ目は、復帰後の沖縄が、沖縄自身をどのように〝発見〟（または発掘）したのか。

この二つのテーマについて、本書はどの程度のことを説き明かせたのだろうか。

書き手の感触でいえば、「二つ目」の〝沖縄による沖縄の発見〟については、私がカバーできる範囲でいくつかの思い付きを言葉にできたかもしれない。書きながらいくつかの仮説も生まれた。今まで見えなかったつながりが見えたり、予測していなかった場所へ押し出されたりしたこともある。

改めて感じたのは、沖縄という一地域が創出し発信したものの広さと深さと力強さである。各ジャンルの表象文化のみならず、生活の趣きや人々の気風に至るまで、あらゆる事象が沖縄からの風に乗って吹き運ばれてきた。その多くは人なつこいが乾いていて、ときに対抗的だった。おそらく戦後日本で、東京（中央）と拮抗する政治的・文化的影響力を持ちえた地域は沖縄の他にない。しかも驚くべきことに、一九七〇年代以後の沖縄は、伝統に根ざしながら、その革新によって、次々に新しい地平を開拓していった。

復帰後のカルチャー・ムーブメントはそのスピードゆえに成熟へ至るのも早かった。これは致し方ないことだろう。一九六〇～七〇年代に比べて、八〇～九〇年代の消費社会が格段にパワフルなため、商品や流行のライフサイクルがずっと短かったからだ。沖縄文化のすべてではないが、主流のポップカルチャーはたちまちサブカルチャーへ翻訳され消費されてしまった。残念ながらサブカルは、「世界観」を映せても世界を掘り抜くことはできない。

それに引き換え、ソーシャルカルチャーの方はサブカルへ転化されない分、変質・風化への耐性が強い。反基地闘争はもちろんだが、ＣＴＳ阻止闘争、名護モデル、読谷村の村づくりなどはリーダーの個性と相まって、（たとえ運動自体が途絶えていても）学ぶべき理念や方法を残した。可能性はむしろこちらにあるだろう。

沖縄と本土の関係は、今、過渡的な時期にある。上に述べたように、本土への期待値は明らかに下がっており、〝沖縄民族主義〟はしばらくテンションを維持するだろう。ただ、若い世代の中から新しい種族が出てくる予感はある。沖縄と本土を対立的に語る／描くのではなく、沖縄の中に本土を、本土の中に沖縄を見出し、両方を一緒にぶち抜くような感受性と方法論を持つ〝沖縄新人類〟である。希望的観測かもしれないが、そんなニュータイプに呼応する本土の若者が出現することも望みたい。

では、「二つ目」の方、「なぜ、沖縄に惹かれるか」は、どうだろう？

これについては、なるべく具体的な例を引く中で、「沖縄に惹かれる」タイプをいくつか拾い上げた。例えばタイプの一つ目は、「沖縄の誘惑を過剰に感じてしまう」人たちだ。第一章でよしもとばなの作品を採り上げ、「官能性」という言葉を与えた。これは沖縄の男女が等しく官能的だという意味ではない。おそらく沖縄が醸し出す心的波動が、性的感情の波動に似ているせいだと私は考えている。いってしまえば錯覚。でも、それが特定の個との関係として感受される。こうした傾向の強い人を仮に「鋭敏官能派」と呼んでおく。よしもとはこのタイプである（それを冷静に自覚していた人というべきだが）。

二つ目のタイプは、沖縄に知的関心を持つだけでなく、沖縄を足場や視座として、日本や世界や自分を眺め直そうとする意向を持つ人たちである。「鋭敏官能派」と違ってのめり込むことはない。観察者としての立ち位置を冷静にキープする。池澤夏樹は、このタイプのもっとも有能な移住者だったことは第三章に書いた。

彼らの方法論の特徴をもう少し詳らかにすると、沖縄を「足場や視座」だけでなく、外界を映す「鏡」にも見立てているところだろう。鏡像はときに曇ったり歪んだりするが、それが外界の真の姿である場合も少なくない。彼らを「鏡の観察者」と命名しておこう。

三つ目のタイプは「単独旅行者」だろうか。沖縄の風土が、ソロトラベラーに絶妙な居心地の良さをもたらすがゆえに、彼らは何度も何度も島を訪れる。本書に数回登場した下川裕治は、アジアで鳴らした旅人だが、沖縄に惹かれる理由を、「支配されない感覚」（『沖縄にとろける』、二〇〇一）と書いている。沖縄人は人なつこいし、外から来た人間をもてなすが、彼らの流儀を決して押し付けないという。たぶん沖縄の雰囲気《アトモスフィア》は、ある人には官能性として感受され、またある人には適度な距離感として認知されるのだ。考えてみれば、この二つの側面は、人が人に惹かれるときの両義的な感情に似ている。

では、これら複数のタイプが形成する多角形の中心に、沖縄マジックの「核」があると考えるのは可能だろうか。自ら言い出したことを早々に撤回するのはどうかと思うが、私は何かが違うような気がして、この方面の追求を断念した。というのは、以上三つのタイプは結局のところ、沖縄を自分の都合に合わせて手段化するような態度であって（それが悪いというのではないが）、今ここで考えたいこととは違うもののような気がするからだ。

官能するにしても、観察するにしても、はたまた寛ぐにしても、その人は沖縄を自分の都合に合わせて切り取っている。そういう、いかにも合理的な目的実現志向は、沖縄を訪れる人々の気持ちをすっと吹き抜ける風とは異なるもののように思えて仕方ない。

個人的な感覚に過ぎないが、沖縄にいると、私はたびたび既視感に捕われる。ただ、「自分はこれを見た」や「自分はここにいた」というデジャヴュではなく、誰かがいつかここで／これにこころを遣っていたのだろうという感覚だ。屋我地島の渚でも宜野湾のタコライス屋でも読谷の砂糖キビ畑でも、それは起きた。

私に既視感をもたらしているのは、私より先にそこにいた者、先行者である。いつの時代か定かではないが、確かにそこに居た彼か彼女は、後にやってきた者に気配を伝えてくる。私にとって、沖縄はそんな場所だ。

何か格別にオカルティックなことを語っているわけではない。

大正十年、ただ一度の沖縄行を経験した柳田国男は、持ち前の鋭い感受力を発揮している。

以下は、自ら訪ねた与那国島での体験に基づく考察である。

われわれはかつて大昔に小船に乗って、このアジアの東端の海島に入りこんだ者なることを知るのみで、北から次第に南の方へ下ったか、はたまた反対に南から北へ帰る燕《つばめ》の路をおうてきたものか、今なお民族の持ち伝えた生活様式から、も一つ以前の居住地を推測する学問が進まぬためにいかなる臆断でもなりたちうるようであるが、少なくともこれらの沖の小島の生活を見ると、それはむしろ物の始めの形に近く、世の終わりの姿とはどうしても思われぬ。

（「与那国の女たち」、『海南小記』、一九二五、所収、傍点引用者）

柳田一流の「先行者」への感知であり、もちろんいうまでもなく、四十年後の『海上の道』（一九六一）で開示される日本民族北進論の先触れである。

一方、「懐かしさ」や「ノスタルジー」という個々人のタイムスパンに基づく言葉を使うのは抵抗感がある。「悠久」や「永遠」という自然史的時間もどこかそぐわない。また、「民族の記憶」のような閉鎖性も似合わない。先行者と共にあり、先行者の記憶と共にあるという感覚は、「個」と「共同体」の中間地点に佇む無名で無形の〈自分〉にいっときの「場」を与えてくれる。誰かとつながっているのだが、その誰かに気兼ねをすることはない。でも、それらの「先行者」たちは、〝まだ本土では起きていない何か〟をすでに実現してしまっている者たちなのである。私はその人々に憧れているのかもしれない。私にとって沖縄は、そのような場所である。

引用・参考文献（括弧内は実際に参照した版）

全体にわたる文献

新崎盛暉『沖縄現代史 新版』岩波新書、二〇〇五
新崎盛暉『日本にとって沖縄とは何か』岩波新書、二〇一六
中野好夫・新崎盛暉『沖縄戦後史』岩波新書、一九七六
櫻澤誠『沖縄現代史――米国統治、本土復帰から「オール沖縄」まで』中公新書、二〇一五
前田勇樹・古波藏契・秋山道宏編『つながる沖縄近現代史――沖縄のいまを考えるための十五章と二十のコラム』ボーダーインク、二〇二一
『沖縄大百科事典』（全三巻＋別巻）沖縄タイムス社、一九八三

やや長い前書き

新崎盛暉『未完の沖縄闘争――沖縄同時代史 別巻・1962-1972』凱風社、二〇〇五
いのうえちず『沖縄ナビ　移住編』枻出版社、二〇〇五
大江健三郎『沖縄ノート』岩波新書、一九七〇
大田昌秀『醜い日本人――日本の沖縄意識』サイマル出版会、一九六九（新編、岩波現代文庫、二〇〇〇）
沖縄タイムス社編『「反復帰論」を再び読む』沖縄タイムス社、二〇二二
嶋田厚・野田茂徳・田代慶一郎・飯沢耕太郎・宮田登『大正感情史』、日本書籍、一九七九
谷川健一『沖縄――その危機と神々』講談社学術文庫、一九九六

第一章
櫻澤誠『沖縄観光産業の近現代史』人文書院、二〇二一
篠原章・宝島編集部編『ハイサイ沖縄読本――超観光のためのトラベル・ガイド』JICC出版局、一九九三
高橋順子「『復帰』をめぐる企て――『沖縄病』に表れた沖縄受容の作法」、北田暁大・野上元・水溜真由美編著『カルチュラル・ポリティクス1960/70』せりか書房、二〇〇五、所収
多田治『沖縄イメージの誕生――青い海のカルチュラル・スタディーズ』、東洋経済新報社、二〇〇四
原田マハ『カフーを待ちわびて』宝島社、二〇〇六（宝島社文庫、二〇〇八）
バロウズ、ウィリアム『ジャンキー――回復不能麻薬常用者の告白』鮎川信夫訳、思潮社、一九六九（河出文庫、二〇〇三）
山崎浩一「なぜなにカルチャー図鑑No.56沖縄病」、『週刊プレイボーイ』二〇〇〇年七月十一日号
よしもとばなな『なんくるない』新潮社、二〇〇四（新潮文庫、二〇〇七）
よしもとばなな『なんくるなく、ない――沖縄（ちょっとだけ奄美）旅の日記ほか』新潮文庫、二〇〇六

第二章
NHK「ちゅらさん」制作班＋編集スタッフ編『ドラマ　ちゅらさんファンブック』双葉社、二〇〇三
木俣冬『みんなの朝ドラ』講談社現代新書、二〇一七
櫻澤誠『沖縄観光産業の近現代史』前掲
新城和博『増補改訂　ぼくの沖縄〈復帰後〉史プラス』ボーダー新書、二〇一八
作　遊川和彦／ノベライズ　丸山智『NHK連続テレビ小説　純と愛』NHK出版、二〇一二
『琉球新報』二〇〇一年九月二十六日（岡田惠和インタビュー）

第三章

池澤夏樹『沖縄への短い帰還』、ボーダーインク、二〇一六

いのうえちず『沖縄ナビ　移住編』前掲

大田昌秀・池澤夏樹『沖縄からはじまる』集英社、一九九八

小嶋さちほ『竜宮歳時記――どんとの愛した沖縄』、マーブルトロン、二〇〇一（角川文庫、二〇〇六）

近藤安由美『変わりゆく沖縄の離島のアイデンティティ――移住者の営むカフェが担う役割』、東洋大学社会学部社会文化システム学科卒業論文、二〇〇九

篠原章・宝島編集部編『ハイサイ沖縄読本――超観光のためのトラベル・ガイド』前掲

下川裕治『沖縄にとろける』、双葉社、二〇〇一（双葉文庫、二〇〇六）

仲村清司『消えゆく沖縄――移住生活20年の光と影』、光文社新書、二〇一六

まぶい組編『日記版　おきなわキーワードコラムブック Vol.2』、沖縄出版、一九九〇

三枝克之著、オフィスユニゾン編『FUTENMA360°――The Welcome Book to Ginowan City』biblio unizon、二〇一〇

『沖縄スタイル』No.01、枻出版社、二〇〇四

インタビュー　宮本亜門さんと沖縄　上・下　聞き手＝松原耕二（OKIRON掲載）
https://okiron.net/archives/368
https://okiron.net/archives/372

藤井誠二「作家・仲村清司は新刊『消えゆく沖縄――移住生活20年の光と影』をなぜ書いたのか」、Yahoo! Japanニュース、二〇一六年十二月十四日
https://news.yahoo.co.jp/byline/fujiiseiji/20161214-00065158

CAFÉ UNIZON ホームページ　URL https://www.cafe-unizon.jp/

第四章
新川明『反国家の兇区――沖縄・自立への視点』現代評論社、一九七一（社会評論社、一九九六）
大田昌秀『醜い日本人――日本の沖縄意識』前掲
大野光明『沖縄闘争の時代 1960/70――分断を乗り越える思想と実践』人文書院、二〇一四
岡本恵徳『「ヤポネシア論」の輪郭――島尾敏雄のまなざし』沖縄タイムス社、一九九〇
鹿野政直『沖縄の戦後思想を考える』岩波書店、二〇一一
川満信一『沖縄・自立と共生の思想――「未来の縄文」へ架ける橋』海風社、一九八七
島尾敏雄『新編・琉球弧の視点から』朝日文庫、一九九二
中屋幸吉『名前よ立って歩け――沖縄戦後世代の軌跡――中屋幸吉遺稿集』三一書房、一九七二
吉本隆明「異族の論理」、『情況』河出書房新社、一九七〇、所収（『全南島論』作品社、二〇一六）
『中央公論』一九七二年六月号（現地編集 特集 沖縄の思想と文化）

第五章
安里清信『海はひとの母である――沖縄金武湾から』晶文社、一九八一
上原こずえ『共同の力――一九七〇～八〇年代の金武湾闘争とその生存思想』世織書房、二〇一九
岡本恵徳「戦後沖縄の文学」、『中央公論』一九七二年六月号
CTS阻止闘争を拡げる会編『琉球弧の住民運動』三一書房、一九八一
多田治『沖縄イメージの誕生――青い海のカルチュラル・スタディーズ』前掲
東峰夫『オキナワの少年』文藝春秋、一九七二（文春文庫、一九八〇）
東峰夫『ちゅらかあぎ』文藝春秋、一九七六（文春文庫『オキナワの少年』、一九八〇）
吉見俊哉『万博幻想――戦後政治の呪縛』ちくま新書、二〇〇五（『万博と戦後日本』、講談社学術文庫、二〇一一）

若林千代「『吹きかえし』の風を待つ少年：東峰夫『オキナワの少年』と一九五〇年代の沖縄」、『沖縄文化研究』第四七号、二〇二〇、所収
『文藝春秋』一九七二年三月号（第六六回芥川賞発表号）
『沖縄タイムス』一九七三年四月九日（沖縄海洋博）

第六章

大野光明『沖縄闘争の時代1960/70——分断を乗り越える思想と実践』前掲
喜納昌吉／ラミス、C・ダグラス『反戦平和の手帖——あなたしかできない新しいこと』集英社新書、二〇〇六
喜納昌吉『沖縄の自己決定権——地球の涙に虹がかかるまで』未來社、二〇一〇
高橋美樹「沖縄ポピュラー音楽史の変遷——各ジャンルの生成を中心として」、『高知大学教育学部研究報告』第六六号、二〇〇六、所収
竹中労『琉球共和国——汝、花を武器とせよ！』三一書房、一九七二（ちくま文庫、二〇〇二）
知名定男『うたまーい——昭和沖縄歌謡を語る』岩波書店、二〇〇六
知名定男「沖縄を愛した竹中労——没後20年に寄せて3」、『琉球新報』二〇一一年五月十九日
照屋林賢・松村洋『なんくるぐらし』筑摩書房、一九九五
照屋林助・北中正和編『てるりん自伝』みすず書房、一九九八
天空企画編『沖縄カルチャー・ブック ウチナー・ポップ』東京書籍、一九九二
中島鉄郎「悲惨な事件が授けた曲 喜納昌吉&チャンプルーズ『ハイサイおじさん』」、「うたの旅人」『朝日新聞Be』二〇一一年七月九日
外立とし江／川満信一／小泉晴美／チャンプルーズ企画編集『喜納昌吉 1948〜2000——流れるままに』エイト社、二〇〇〇

波田真「沖縄を破壊するものを射る喜納昌吉」、『ニューミュージック・マガジン』一九七七年六月号
藤田正『沖縄は歌の島――ウチナー音楽の500年』晶文社、二〇〇〇

第七章

佐藤忠男『日本映画史』（全四巻）岩波書店、一九九五
高嶺剛「チルダイ賛歌」、『新沖縄文学』第四三号、一九七九年十一月
仲里効『オキナワ、イメージの縁（エッジ）』未來社、二〇〇七
仲宗根みいこ『ホテル・ハイビスカス』講談社、一九八七・一九八九（新装版、新潮社、二〇〇三）
山田潤治「〈脱周縁化〉する記憶――「ひめゆりの塔」の表象」、『大正大學研究紀要』第九五輯、二〇一〇、所収
四方田犬彦・大嶺沙和編『沖縄映画論』作品社、二〇〇八
「今月の人 中江裕司」、聞き手・構成：越川芳明、『すばる』二〇〇三年七月号
「日本のドキュメンタリー作家インタビュー No.20 高嶺剛」、聞き手：中里効、二〇〇三、山形国際ドキュメンタリー映画祭ホームページ、https://www.yidff.jp/docbox/22/box22-1-1.html

第八章

池澤夏樹「のびのび野球と『悲願』」、『琉球新報』一九九九年四月十日、前掲『沖縄への短い帰還』所収
下川裕治+仲村清司著編『新書 沖縄読本』講談社現代新書、二〇一一
中村計『無名最強甲子園――興南春夏連覇の秘密』新潮文庫、二〇一六
松永多佳倫『沖縄を変えた男 栽弘義――高校野球に捧げた生涯』ベースボール・マガジン社、二〇一二（集英社文庫、二〇一六）
『沖縄 甲子園名勝負ファイル――高校野球100年 頂点目指した球児たちの軌跡』沖縄タイムス社、二

〇一五
高木遊「異色の個性派軍団で甲子園沸かせた２０００年の那覇高校。20年目の真実」（前編・後編）、yahoo! Japan News、二〇二〇年八月十四日
https://news.yahoo.co.jp/byline/takagiyu/20200814-00193116
https://news.yahoo.co.jp/byline/takagiyu/20200814-00193119
高野勲「故障、病気、門田加入…『なんくるないさ』で乗り越えた石嶺和彦／パ伝説」日刊スポーツ、二〇二一年九月二十一日
https://www.nikkansports.com/baseball/news/202109200000038.html
中村計「沖縄人の『なんくるないさ』が弱点？ 新垣渚が断絶すべき〝負の歴史〟。」Number Web、二〇一〇
https://number.bunshun.jp/articles/-/13364

第九章

沖縄オバァ研究会編『沖縄オバァ列伝』双葉社、二〇〇〇（双葉文庫、二〇〇三）
小波津正光『お笑い沖縄ガイド――貧乏芸人のうちなーリポート』ＮＨＫ出版 生活人新書、二〇〇九
駒沢敏器『アメリカのパイを買って帰ろう―沖縄58号線の向こうへ』日本経済新聞出版、二〇〇九
新城和博『うちあたいの日々――オキナワシマーコラム集』ボーダーインク、一九九三
まぶい組編『事典版 おきなわキーワードコラムブック』沖縄出版、一九八九
森田真也「沖縄の笑いにみる文化の相対化と戦略的差異化」、『筑紫女学園大学・短期大学部人間文化研究所年報』第二五号、二〇一四、所収
喜納えりか「充実期の１９８０年代、おきなわキーワードコラムブックと沖縄大百科事典」、「沖縄県産本のあゆみ（４）」、『沖縄タイムス＋プラス』、二〇一五年十一月十二日

『琉球新報DIGITAL』二〇二一年十二月十四日〈復帰半世紀　私と沖縄〉マスミ・ロドリゲスさん）

第十章

稲嶺惠一『我以外皆我が師――稲嶺惠一回顧録』琉球新報社、二〇一一
大田昌秀『沖縄のこころ――沖縄戦と私』岩波新書、一九七二
大田昌秀『沖縄の決断』朝日新聞社、二〇〇〇
小熊英二編著／貴戸理恵・菅原琢・中澤秀雄・仁平典宏・濱野智史著『平成史』、河出書房新社、二〇一二
加藤典洋『敗戦後論』講談社、一九九七
加藤典洋『戦後入門』ちくま新書、二〇一五
櫻澤誠「『オール沖縄』・翁長県政とは何だったか」、平良好利・高江洲昌哉編『戦後沖縄の政治と社会――「保守」と「革新」の歴史的位相』吉田書店、二〇二二、所収
佐藤学「沖縄から見る世界秩序の変動――「最前線」からの報告」、『学術の動向』日本学術協力財団、二〇二〇年九月号、所収
島袋正敏「逆格差論理念に街づくり　追悼　渡具知裕徳さん」、『沖縄タイムス＋プラス』二〇二〇年九月五日
竹中明洋『沖縄を売った男』扶桑社、二〇一七
米軍基地に関する万国津梁会議『新たな安全保障環境下における沖縄の基地負担軽減に向けて』沖縄県、二〇二一
孫崎享『戦後史の正体 1945-2012』創元社、二〇一二
松原耕二『反骨――翁長家三代と沖縄のいま』朝日新聞出版、二〇一六
宮本憲一・佐々木雅幸編著『沖縄 21世紀への挑戦』岩波書店、二〇〇〇
横山哲朗「名護市総合計画（1973-1987）下における地域社会・経済の変容――経済学的視点からの分析」、

『地域経済研究』第一四号、二〇〇三、所収
吉見俊哉編『平成史講義』ちくま新書、二〇一九

第十一章

北上田源「読谷・旧軍飛行場用地問題から何を学ぶか」、前田勇樹・古波藏契・秋山道宏編『つながる沖縄近現代史――沖縄のいまを考えるための十五章と二十のコラム』前掲、所収
朱暁蕾「沖縄本島における米軍基地跡地開発の検証：北谷町の美浜アメリカンビレッジ地区を例として」、『法政地理』51、二〇一九、所収
針ヶ谷敦子・吉田由美「沖縄県読谷村におけるにんじん生産について~機械化による生産拡大を目指して~」、『野菜情報』二〇一九年七月号、独立行政法人農畜産業振興機構、所収
山内徳信『憲法を実践する村――沖縄・読谷村長奮闘記』明石書店、二〇〇一
『沖縄における在日米軍施設・区域に関する統合計画（仮訳版）』（Consolidation Plan for Facilities and Areas in Okinawa）、外務省、二〇一三
『中南部都市圏駐留軍用地跡地利用広域構想』沖縄県・関係市町村、二〇一九改訂版
『駐留軍用地跡地利用に伴う経済波及効果等検討調査報告書』沖縄県、調査委託先：野村総合研究所（代表企業）、二〇〇七
『日米安保共同宣言――21世紀に向けての同盟』、一九九六年四月十七日
『美浜タウンリゾート・アメリカンビレッジ完成報告書』北谷町、二〇〇四
『民主党政権政策Manifesto』、民主党、二〇〇九年七月二十七日
『読谷補助飛行場跡地利用実施計画（概要）』読谷村、二〇〇五
『沖縄タイムス＋プラス』二〇一五年一月十日（基地跡地利用）
『沖縄タイムス＋プラス』二〇一五年四月二十四日（イオンライカム）

『沖縄タイムス＋プラス』二〇一五年五月二日（イオンライカム）
『沖縄タイムス＋プラス』二〇一五年十月一日（サンエー浦添）
『沖縄タイムス＋プラス』二〇一六年十一月八日（パルコ沖縄進出）
『沖縄タイムス＋プラス』二〇一九年九月七日（沖縄県内大型商業施設）
『沖縄タイムス＋プラス』二〇二二年四月十日（アメリカンビレッジ）
『沖縄タイムス＋プラス』二〇二二年六月二十九日（観覧車解体）
「泡瀬干潟埋立の問題点（概略）」、泡瀬干潟を守る連絡会ホームページ、二〇〇七年八月二十日
http://www.awase.net/maekawa/umetatemondai07830.htm
「うちなーんちゅから見た北谷・美浜アメリカンビレッジとは？」
https://chinen.okinawa/2018/11/05/100169/
「北谷町における戦災の状況（沖縄県）」、総務省ホームページ
https://www.soumu.go.jp/main_sosiki/daijinkanbou/sensai/situation/state/okinawa_08.html
「西海岸開発に係る浦添市素案をご紹介します」、二〇一五年五月二十七日、（浦添市ホームページ）
https://www.city.urasoe.lg.jp/article?articleId = 609e8cc63d59ae2434c013d0
「マリンシティ泡瀬『泡瀬地区埋立事業』――人・未来・世界を結ぶ海洋都市の実現に向けて」、内閣府・沖縄県・沖縄市、沖縄県ホームページ
https://www.pref.okinawa.jp/kowan/awasedata/awasepanf.pdf

第十二章

目取真俊「平和通りと名付けられた街を歩いて」、初出『新沖縄文学』七〇号、一九八六（『魚群記――目取真俊短篇小説選集1』影書房、二〇一三）
目取真俊「水滴」、初出『文學界』一九九七年四月号（岡本恵徳・高橋敏夫編『沖縄文学選――日本文学

のエッジからの問い』勉誠出版、二〇〇三)
目取真俊「伝令兵」、初出『群像』二〇〇四年十月号(『面影と連れて――目取真俊短篇小説選集3』、影書房、二〇一三)
目取真俊『沖縄「戦後」ゼロ年』日本放送出版協会、生活人新書、二〇〇五
『文藝春秋』一九九七年九月号(第一一七回芥川賞発表号)

第十三章

池澤夏樹『沖縄への短い帰還』前掲
上間陽子『海をあげる』筑摩書房、二〇二〇
黒川みどり・藤野豊『差別の日本近現代史――包摂と排除のはざまで』岩波書店、二〇一五
下川裕治『沖縄にとろける』前掲
樋口耕太郎『沖縄から貧困がなくならない本当の理由』光文社新書、二〇二〇
宮城和宏・浦本寛史・比嘉正茂監修、沖縄国際大学経済学科編『沖縄経済入門(第2版)』編集工房東洋企画、二〇二〇
目取真俊『ヤンバルの深き森と海より』影書房、二〇二〇
屋嘉宗彦著、法政大学沖縄研究所監修『沖縄自立の経済学』七つ森書館、二〇一六
柳田国男『海南小記』一九二五、大岡山書店(角川ソフィア文庫、二〇一三)
『21世紀ビジョン基本計画 総点検報告書(素案)完成版』沖縄県、二〇二〇
『沖縄タイムス+プラス』二〇二二年五月十二日(復帰五十年・県民意識調査)
『沖縄タイムス+プラス』二〇二二年一月二十九日/一月二十日/二月三日/二月八日(高校生失明事件)
「おきなわのすがた(県政概要)」、沖縄県、二〇二一年八月版

後書き

釣りが好きなので、沖縄へ行くときも、ロッドやリールを持っていく。

西表島を友人たちと訪ねたときのことだ。マングローブが群生する浦内川を見た後、大原港へ戻る途中でお誂え向きの小さな防波堤を見つけ、先端で金属製のルアーを投げた。さっぱり魚信《あたり》がないので諦めかけていると、友人が「あっちへ投げてみたら」と湾側の水面を指さした。彼の勘は当たった。一投目でゴンッと何かがルアーをひったくり、リールからラインをジーッと引き出して走った。上がってきたのは、大型の鯖のような魚だった（後に、沖縄でグルクマーと呼ばれるサバ科の一種であることが判明）。観光旅行だから調理は無理と諦めたものの、記念写真を撮ったりしてぐずぐずしているうちに、グルクマーは息絶えてしまった。

ここまでは、せんない殺生の話だが、続きがもう少しある。

昇天した魚を海へ返し、クルマへ戻る途中、防波堤の上で中年の女性とすれ違った。彼女も釣道具を持っていた。かんたんな竿には小さな玉ウキが付いていた。時刻は十六時近かったから、その人が夕餉の食材を求めて、ここへやってきたのは間違いなかった。

すれ違うとき、「釣れましたか？」と私が聞くと、彼女は少しだけ悲しそうな表情で首を横に振った。ああ、そうだったのか。私はグルクマーを捨てた自身の行動を悔やんだ。実はこの人が同じ防波堤にいたことを、私は目の端で捉えていたのだ。彼女の釣りは気晴らしでも遊びでもなかった。その行為の意味合いに、なんと自分は鈍感だったのか。

思えば、沖縄では、こういうことが何度も起きる。

コザの胡屋《ごや》十字路にあるエイサー会館でのことだ。夜、市内のホテルに着いて一休みしてから食事に出た。店の当てはあったのだが、閉店時間がよく分からないまま、途中のエイサー会館に入った。午後八時を回っていただろうか。入館料を払って二階の展示室へ上がると、そんな時間にもかかわらず、若い男性が案内をしてくれるという。

エイサーの楽器や道具、その歴史、全島エイサーまつりなどについて、丁寧に解説してくれた。もちろん初めて聞く話がたくさんあり、こちらも時々質問をするので、思っていたより時間がかかっていた。聞いているのは私が一人だけ。館内には、他に誰もいない。

気の小さい私は、目当ての料理屋が閉まってしまうのではないかと心配になった。沖縄の飲食店は遅い時間までやっている。でも、そこは深夜まで営業するような店ではなかった。

「申し訳ないけれど、そろそろ失礼しなくてはならないので……」と切り出すと、男性は本当に残念そうな顔をした。きっと彼の頭の中には、伝えなくてはならないエイサーの魅力がまだまだたくさんあったはずなのだ。なぜあのとき、空腹などは噛み殺して、最後まで付き合わなかったのか。

そうした小さな、また大きな行き違いを思い出しながら、原稿を書いた。書きながら、あの小さな島が抱えている膨大な事実に足がすくんだ。でも、とにかく、コンパクトな一冊の本に五十年分の記憶と感情の目録のようなものを書き込もうと努めた。それがまずは、沖縄の岸辺へ小船を漕ぎ寄せる試みであると信じることにした。

今回もさまざまな方のお世話になった。

沖縄で、本土で、またオンラインでお目にかかったウチナンチュに御礼を申し上げたい。また、沖縄をもう一つの拠点とする本土の友人たちにも感謝。本書は、皆さんがふと漏らした言葉から実に多くのインスピレーションを受け取っている。

最後に、直接本の成立にかかわってくださった方たちのお名前を挙げておきたい。

言論サイト『論座』の高橋伸児氏には、同サイトの連載「沖縄ブームとは何だったのか」をご担当いただいた。この連載で、本書の骨格を確かめることができたのは、本当にありがたかった。

作品社の増子信一氏には、『「象徴」のいる国で』に続き、お世話になった。氏の厳しくも温かい激励がなければ、一冊の本に必要な体力や筋力を備えることはできなかっただろう。

そして、水戸部功氏の装幀は、この島へ向かうときの昂揚感を伝えてくださっている。

お三方に、改めて御礼申し上げたい。

二〇二二年一〇月

菊地史彦

［初出］
第1章――『論座』2022年3月14日
第2章――同　上 2022年3月17日
第3章――同　上 2022年5月 2 日
第4章――同　上 2022年3月25日
第6章――同　上 2022年3月30日
第7章――同　上 2022年4月13日
第8章――同　上 2022年4月18日
第9章――同　上 2022年4月28日

★第5章、10～13章は書下ろし。上記既発表の論考も大幅に加筆・改稿を行った。

★掲載写真は、157ページ以外はすべて筆者撮影。

菊地史彦（きくち・ふみひこ）
株式会社ケイズワーク代表取締役。東京経済大学コミュニケーション研究科非常勤講師。
1952年、東京生まれ。76年、慶應義塾大学文学部卒。同年筑摩書房入社。90年、同社を退社。編集工学研究所などを経て、99年、企業の組織課題などのコンサルティングを行うケイズワークを設立。著書に『「幸せ」の戦後史』（トランスビュー、2013）、『「若者」の時代』（同前、2015）、『「象徴」のいる国で』（作品社、2020）などがある。

沖縄の岸辺へ——五十年の感情史

2022年12月20日 初版第1刷印刷
2022年12月25日 初版第1刷発行

著者　菊地史彦
発行者　福田隆雄
発行所　株式会社作品社
〒102-0072 東京都千代田区飯田橋2-7-4
TEL03-3262-9753／FAX03-3262-9757
振替口座 00160-3-27183
https://www.sakuhinsha.com

本文組版　有限会社一企画
印刷・製本　中央精版印刷株式会社

ISBN978-4-86182-949-9 C0036 Printed in Japan